献给挚爱的育珊

万事皆可
谈判

曾钧 著

POWER OF
NEGOTIATION

重庆出版集团 重庆出版社

图书在版编目（CIP）数据

万事皆可谈判 / 曾钧著. — 重庆：重庆出版社，2023.1
ISBN 978-7-229-17329-6

Ⅰ.①万… Ⅱ.①曾… Ⅲ.①贸易谈判 Ⅳ.①F715.4

中国版本图书馆CIP数据核字（2022）第236218号

万事皆可谈判
WANSHI JIEKE TANPAN

曾钧 著

出　品：	华章同人
出版监制：	徐宪江　秦　琥
责任编辑：	朱　姝
特约编辑：	陈　汐
营销编辑：	史青苗　孟　闯
责任印制：	杨　宁　白　珂
装帧设计：	SOBERswing

重庆出版集团
重庆出版社　出版
（重庆市南岸区南滨路162号1幢）
北京盛通印刷股份有限公司　印刷
重庆出版集团图书发行有限公司　发行
邮购电话：010-85869375
全国新华书店经销

开本：880mm×1230mm　1/32　印张：7.5　字数：150千
2023年3月第1版　2024年1月第3次印刷
定价：58.00元

如有印装质量问题，请致电023-61520678

版权所有，侵权必究

面对市场上那只无形的手,为何有的生意谈成了?有的却一拍两散?

无论是上市公司,还是正在拓展海外市场的民营企业,或是希望进入中国市场的跨国企业,他们都需要首席谈判官(Chief Negotiation Officer)。

这位 CNO,需要具备丰富的沟通技巧,也需要熟悉商务和法务专业知识,他一定对人性和心理学颇有研究。CNO 的职责,就是在公司重大商务谈判、并购、人力招聘,以及合作伙伴联盟中,担当首席谈判官的角色。

20 年跨国 IT 公司的职业生涯告诉我,万事皆可谈判。

目 录

引语　　　拿到香港优才计划　　*VII*

第 1 章　　初来乍到的面试谈判　　*1*
　　　　　寻找更多信息是成功的第一步　　*4*
　　　　　要有打持久战的耐心　　*5*
　　　　　"狮子大开口"的底气　　*8*
　　　　　快问快答　　*9*
　　　　　怎样让 30 秒的电梯演讲（ElevatorPitch）更出彩

第 2 章　　竞争信息的较量　　*12*
　　　　　快问快答　　*19*
　　　　　谈判的声调

第 3 章　　先做人，后做事　　*21*
　　　　　快问快答　　*27*
　　　　　谈判前的时间管理

第 4 章　　高级销售人员卖的是解决方案　　*29*
　　　　　咖啡社交　　*32*
　　　　　拜访高层的必要性　　*33*
　　　　　双赢　　*38*
　　　　　快问快答　　*39*

如何收集谈判信息?

第 5 章　触碰红线的代价　42
　　港铁新项目　44
　　诚信是职场上的生存底线　45
　　内部调查　48
　　再次见面　49
　　快问快答　51
　　在谈判中如何保持灵活机动的原则

第 6 章　来自跨境项目的挑战　54
　　制造业与物联网的结合　56
　　跨境业务：国际贸易思维　58
　　子合同与三方合同　58
　　成本是门科学　59
　　跨境业务的远见与卓识　62
　　快问快答　62
　　陌生电话拜访的优势

第 7 章　台湾客户的大江大海　65
　　先为人，而后为商人　66
　　变与不变　71
　　快问快答　72
　　谈判得胜的关键时机（Timing）

第 8 章　间隔 7 年的两次创业　74
　　首次创业失败　76

　　　　7年后的雄起　　80
　　　　快问快答　　83
　　　　客场谈判，如何变被动为主动

第9章　高层谈判的"拳法"　　85
　　　　与中兴通讯的谈判　　88
　　　　优质企业文化的感染力　　91
　　　　快问快答　　96
　　　　如何识别谈判中的关键人物和关键信息

第10章　遭遇滑铁卢　　99
　　　　我被投诉了　　103
　　　　"一题多解"　　104
　　　　快问快答　　107
　　　　如何找到新客户？

第11章　谈判是人性的互动　　112
　　　　一次大胆"挥杆"　　114
　　　　谈判的进阶是合作　　117
　　　　老尚的商场哲学　　122
　　　　快问快答　　123
　　　　谈判中的"忽视"策略

第12章　蛋糕除了切还可以做大　　125
　　　　与百达翡丽（PatekPhilippe）公司的谈判　　126
　　　　谈判无处不在　　129
　　　　尊重与信任　　132

快问快答　　*133*
　　　　谈判中，如何面对时间压力？

第 13 章　打破价格僵局　*136*
　　多次往返泰国　*137*
　　长期主义策略　*139*
　　快问快答　*144*
　　　　为何要找到与竞争对手的差异性（Differentiation）

第 14 章　"借船出海"　*146*
　　移动连接万物　*148*
　　遇见荷兰　*150*
　　深入了解客户背景　*151*
　　快问快答　*154*
　　　　如何找到与竞争对手的差异性？

第 15 章　机会留给有准备的人　*155*
　　"聊"出的新商机　*157*
　　行业积累是成就大单的基础　*160*
　　快问快答　*162*
　　　　如何收集竞争对手的情报

第 16 章　"中国创造"的奇迹　*164*
　　企业基因的进化　*167*
　　来自海外市场的机会　*169*
　　重返埃塞俄比亚　*170*
　　出其不意，一招制胜　*173*

核心领导力是制胜关键　*177*
快问快答　*179*
　如何进行竞争性谈判

第17章　如何选择职业赛道　*182*
快问快答　*193*
　如何做升级销售和搭配销售？

第18章　面试也是一场谈判　*195*
第一印象很重要　*198*
要看长期战略　*199*
如何进行薪资谈判　*201*
真诚是最动人的品质　*204*
适时的心理战　*206*
快问快答　*209*
　如何用提问来促成销售？

第19章　神话是创造出来的　*211*
"5G测速第一"的奖项　*213*
补位宣传也不迟　*215*
最后大赢家　*217*
广告与销售的转化　*219*
快问快答　*221*
　找准自己的位置

后记　不容忽视的谈判力　*223*

引语

拿到香港优才计划

2008年的一个下午,我在香港中环的一座高档写字楼里和来自澳大利亚的猎头哈维(Harvie)见面。

30层高楼的窗外是熙熙攘攘的维多利亚港,这里每到夜晚便灯火璀璨。此刻,在阴云的笼罩下,港口被两侧高耸的楼宇挤压着,疲惫地吞吐着来自世界各地的货物。

哈维凝望着窗外的海景,有些忧郁地说:"今天的天气有点阴沉啊。"

我顿了顿,不知怎么回答他,因为此刻,我实在按捺不住心中的激动——哈维告诉我,香港一家已上市的IT公司正打算让我去面试,职位是销售总监。

这应该就是我闯荡香港的开始。

能有如此际遇，除了有贵人哈维相助，还得益于我半年前申请的香港优才计划。

我看过洪金宝主演的一部武打片《过江龙》，很佩服主角的"龙虎精神"，他有着坚定的意志和勇闯天下的勇气。有一句老话叫作"人挪活，树挪死"，我始终坚信人要去探索世界，应该多尝试，多挑战，挖掘自身潜在的适应能力和创新能力。

至于为什么选择香港，应该和我的职场经历，以及对香港的考察有很大的关系。我在华东、华南地区的工作经历，让我对香港独特的职场文化略有接触；加上千禧年后的香港更加开放、包容，国际贸易环境更加友好，由于政策的关系，美国和欧洲的软件厂商一般会优先选择到香港试水，这里也就成了国际贸易的重要枢纽。

所以，我决定挑战一下自己，申请了香港的优才计划。

这是香港特区政府自 2006 年开始推出的一项有配额的移民吸纳计划。当时的香港特首十分推崇靠科技发展经济的战略，积极建设香港数码港，无需投资，也不需要提前获得香港公司的聘用，就能获得香港身份。但这项计划执行了一段时间之后遇到了难题——没有人申请。于是，为了扩大宣传，香港入境事务处邀请了一批演艺界的知名人士加入这一计划，郎朗、章子怡等人就是在这样的背景下拿到香港身份的。

我的申请全靠自己完成，耗时 6 个月，仅花费 160 港元。这些申请文件，除了有相关的学历证明，还包括申请人此前所有工作单位出具的推荐信。于是，离职多年后，我再次联系上了前雇主负责人力资源工作的朋友，请他们一一为我出具证明并签字。惠普公司的时任总经理还亲自为我写了封推荐信，对此我真的非常感恩。

大约半年后，我拿到了香港入境事务处的批准函。新的城市、新的工作、新的文化礼仪，甚至是全新的语言，对于我来说都是不小的挑战。在一个陌生的环境里，动用身边的一切资源，快速融入这里的生活，是我面临的第一个挑战。

为了准备那家 IT 公司的面试，以及方便日后的工作和生活，我聘请了专业的粤语老师。粤语不同于有四个声调的普通话，它要复杂得多，有九声六调。那段日子，我学习粤语极为刻苦，不管走到哪儿，我都在脑海里演练粤语，晚上还会看港剧学习发音。我还经常和出租车司机、房东太太聊天，抓住一切机会练习粤语，三个月后，我便可以用流畅的粤语开会，做销售演讲了。

此外，我的新朋友——猎头哈维也给了我不小的帮助。哈维瘦瘦高高，热爱打美式橄榄球。他除了在我找工作期间给了我很大的帮助之外，生活上也对我帮助良多，大到找房子，小到职场穿着和餐桌礼仪，他都耐心地给过我指点，是我的良师益友。

对某些朋友而言，香港是购物天堂，是拥有世界各地最新的影视资讯和最热门的艺术展览的潮流文化中心，是可以在海滩上晒太阳发呆的旅游胜地。而对于我——一名来自内地的 IT 行业销售经理来说，从 2009 年开始，香港便成为我的一处商业宝地。我在这里磨炼和增进了自己的销售技巧。在工作和生活中，在与客户、老板和家人的相处中，我逐渐领悟到一个道理：万事皆可谈判。

来香港工作几年后，回头去看，我从未后悔自己当初来港的决定。当初的选择让我的职场平台变得更大了，从华东、华南地区，扩大到大中华区（中国大陆、香港、澳门及台湾），再扩大到整个东北亚地区（这里指大中华区和日本、韩国，下同），还遇到了许多在职场中为我带来启发的老师。

我想，我们每个人都有无限的潜能，只要有机会，就要多去探索和尝试，不要把自己局限在某个领域或某个地方。当然，在这个过程中，冲突也时有发生，文化冲突、合作冲突和意见冲突等频频出现都是常态。如何克服这些困难，如何运用谈判技巧和谈判策略来扭转局面，正是我要在这本书中和大家分享的经验。

第 1 章

初来乍到的
面试谈判

英语中，工作面试称作"job hunting"。

既然是"打猎"（hunting），就要计算自己有多少武器、多少子弹，还要去考察市场上有哪些可以"猎取"的目标。时间管理也是求职面试中需要关注的重点之一，即便岗位再好，如果几个月都没有发布招聘信息，求职者就应当及早放弃。虽说胜败乃兵家常事，但如果做好万全的准备，便可以降低"打猎"失手的概率。

我再次约了哈维见面，以便充分了解我即将面试的这家智能系统公司（下称智能系统）。

其实，在此之前，我也通过猎头和朋友的推荐，拿到了两三个香港的工作机会。不过，由于市场和销售部门的职位更倾向于聘用香港本地人，所以，当用人方得知我不是香港本地人之后，这些工作机会最后都不了了之。

智能系统的总裁黎先生是一个土生土长的香港人，他为什么会让有内地背景的我参加面试呢？

我了解到，这家公司是香港三大计算机系统集成服务商之一，代理包括IBM、甲骨文（Oracle）和赛门铁克（Symantec）等公司的产品。

黎先生曾经说过，他很敬佩刘伯温，刘伯温有一个特点——打仗从来没有败过。每次打仗之前，刘伯温都会制订详细的战略方案并进行推演，是一个很有谋略的人。

后来，我慢慢体会到，黎先生自己也是一个非常有谋略的人。

黎先生是智能系统的第一批工程师之一，历经20多年的时间，一步步由工程师成长为公司的CEO（首席执行官）。当时他一直在忙于制订亚太区的市场策略。

2004年，搭上了政策的顺风车，泛珠三角洲CEPA计划让内地和香港的经贸关系变得更加紧密，"前店后厂"的新型合作模式在当时成为一种风潮。金融业和服务业是香港商业社会的两大支柱产业，生产制造业、物流行业则分布于中国各地及东南亚地区。于是，黎先生抓住商机，除香港总部外，还在澳门、广州、珠海、台北等地设立分公司，并打算拓展东南亚市场的海外业务，目标包括泰国和菲律宾等地。

我把这场面试视作一次非常重要的商务谈判。我的准备工作是围绕三个问题来进行的。有的问题哈维就能帮我解答，还有一些问题，则必须在面试中寻找答案。

这三个问题如下：

1. 智能系统为什么要发展"跨境"业务？
2. 销售总监的职责是什么？全年的目标销售额是多少？
3. 跨境业务的客户都有哪些？是成熟稳定、只需维系的老客户，还是需要拓展的新客户？

寻找更多信息是成功的第一步

我面试的职位是负责跨境业务的销售总监，直接向 CEO 黎先生汇报工作。黎先生对这一岗位颇为重视，面对这样一个珍贵的机会，我自然不敢怠慢。

除了工作说明书上的业务信息，我还通过各种渠道尽可能全面地搜集了关于这家公司的资讯，比如：智能系统的财务报表、其近期的新闻和公关文章，以及这位 CEO 的个人访谈，等等。

面试地点是智能系统的大会议室。会议室装修得很气派，里面摆放了一张长长的会议桌。这次面试，我没有准备任何 PPT，而是把重点放在了进一步了解公司业务及工作说明书的细节上。

CEO 黎先生准时走进了会议室。他面色红润，身材高挑，穿着一套得体的浅色西装，系着一条精致的领带，看上去是一位典型的香港总裁。他很和善，目光柔和，我却不敢有丝毫的松懈。后来我了解到，他虽然看起来和气，其实是个有武术功底的"硬汉"，自幼便开始习武，教他咏春拳的人是李小龙的师叔，这么说来，他和李小龙还算平辈呢。

黎先生问我老家是哪里的，声音中气十足。我回答东北沈阳。

看得出来，黎先生有些惊讶。他可能没想到，一个东北人居然可以说一口流利的粤语。虽然我的一些发音不十分标准，但并不妨碍我们用粤语沟通。他很随和，还特意问我要不要用普通话沟通，他也会说一点，但我谢绝了，坚持和他用粤语交流。

我努力用粤语回答问题，不仅因为这样能拉近我们的距离，更因为粤语在跨境业务中和普通话一样重要。或者说，考验我能否说一口流利的粤语，是这次面试的第一关，所以我不敢马虎。

除了面试，正式入职后，我也尽量在工作中使用粤语进行交流，遇到一些我无法用粤语表达的专业词汇，我就会用英语代替。不管哪一门语言，只要敢说，就是胜利，在交流当中，获得信息才是最主要的目的，大家也不会因为怕丢面子而不懂装懂、凑合了事，明智的人一定会把谈话内容搞清楚。

之后，我和黎先生聊到了我事先准备好的泛珠江三角洲CEPA计划这个话题。跨境业务销售总监这个职位，其客户总部在香港，生产制造和商务运营中心分布在各地。在这次面试中，有一半的时间我都在提问，就像进行商业咨询一样，旨在了解公司跨境业务的目标；另一半的时间，我在回答黎先生的问题。

要有打持久战的耐心

面试一共进行了两次。第一次是双方给彼此留下初步印象。

和黎先生见面后，他向我介绍了公司的业务及目标大客户，然后他给我留了作业，考察我的想法。

面试期间，我问了一个似乎与工作关系不大的问题：这个总监职位是新设立的，还是要替换之前的任职者？

我这么问并非毫无缘由。无论公司大小，只要一个职位是新设立的，就说明就职风险比较高，如果发展得不好，整个部门都可能被裁掉，在这种情况下入职，很可能会成为炮灰；如果是替换之前的任职者，也存在很多的可能性，比如，任职者升职了，所以才要招人，这多半是个好消息，因为这说明你也有晋升空间；但如果是因为任职者做得不好，被炒了，就是个坏消息，说明这个岗位的工作不好做，最后可能还是要当炮灰。

所以，我这样问，是想更深入地了解这个岗位的过去和未来。

黎先生坦率地回答："之前先后聘请过两位有不同背景的总监，不到三个月就都被解雇了。"这个答案让我颇为紧张。黎先生接着说："第一位总监是香港本地人，不会说普通话；第二位总监工作效率比较低，重视规则和流程，喜欢团体作战，等所有条件都就位了才会进行下一步。"

黎先生对这个岗位的期望是，这名销售总监能够身兼数职，动手能力强，效率高。敲定项目时，他不希望有漫长的等待期，需要项目能快速启动，也需要销售人员快速签单。

第二次面试是在黎先生的总裁办公室里，我们之间的距离拉近了很多。一进门我就真诚地赞美道："您的办公室设计得很特别，办公桌和椅子就像是现代艺术博物馆里的展品。"自然而得体的恭维让黎先生感觉很受用。

黎先生的办公桌上没有电脑，墙上挂着一台42寸的电视，有人来做汇报时，内容便会被投放到电视屏幕上。这一点让我印象深刻。

在进行第二次面试前，我有三天的准备时间。关于泛珠三角的跨境业务，我整理了满满10页的PPT，从行业发展趋势到中资、外资企业的业务特点，我都进行了详细的论述。我还规划了未来销售团队的组织架构，保守起见，我设置了三个销售经理的岗位，包括我自己。

这一步看似无意，实则有心，我很明确地设定了自己的位置，此举的目的就是让我的意图"落地"。我问了黎先生对组织架构图的想法，还问他三个人的配置够不够。黎先生回答我，可以一步步来，从小团队开始，我负责大客户业务，再招聘一名销售助理。

这几句话也让我心里的石头落了地。换句话说，不出意外的话，黎先生会聘用我的，而且还会给我配备一名销售助理。

一场谈判就是一场博弈，既要凭真本事，也要打心理战。

在这场谈判的最后，到了很关键的一步——谈薪资。

对于职场新人来说，这个谈判点是比较难把握的，很多人都觉得，只要能录用，只要发钱，就万事大吉，所以不敢与未来的领导谈判，生怕因为提了要求而丢掉这份工作。

"狮子大开口"的底气

该如何进行薪资谈判呢？如果事先了解公司的预算及行业标准，在公司和行业两个方面获取足够的信息，通过谈判，为自己争取到理想的薪资并非难事。

面试之前，我已经提前和哈维商量好，定了一个比较高的薪资目标，年薪差不多是我以前的两倍。

为什么我敢定这么高呢？我向哈维了解了几个问题：香港这一行业的薪资大概是多少？智能系统对于这个职位的薪资有多少预算？底薪和奖金的比例是怎么设置的？

正如下围棋要提前算好五步一样，我也准备了几条理由，来应对可能发生的状况，比如，如果对方问为什么加薪幅度这么大，我会通过介绍自己的工作背景、教育背景，以及香港高昂的生活成本等加以解释。

我很幸运，经过谈判，我得到了理想的薪资。

新工作一切准备就绪，我顺利入职。一天早晨，黎先生把我叫到办公室。我正在疑惑会有什么事情，他开口问我："接下来，你打算招聘的销售助理是男性还是女性？"

我哈哈一笑，心中已有打算。

◆ **快问快答**

怎样让 30 秒的电梯演讲（Elevator Pitch）更出彩

30 秒的电梯演讲源于麦肯锡公司的一个训练：在 30 秒内完整地表达一个观点。

作为销售人员，需要勤加练习，时刻准备好做 30 秒的电梯演讲。

设计一段精彩的 30 秒电梯演讲，的确是让人困扰的事情。按照正常的语速，30 秒只能说 80 到 100 个字。在这么短的时间里，怎样设计你的话术，才能让客户第一次见面就对你和你的公司印象深刻呢？

我研究过一些关于 30 秒电梯演讲的专业销售培训。在种种模板里，有的采用了设置问题和回答的方式，有的采用了讲笑话的方式，还有带反转式结尾（surprise ending）的方式。但这些方式往往并不适合中国客户。因为我们和西方人的观念及文化有很大的差异。面对一个陌生人的提问，中国人多半会沉默，而不是贸然回答。多数中国人接受新事物、新观点，甚至新的供应商时，都需要一定的时间。因此，若设计了过于浮夸的话术，多半会被看成水平业余的小丑。

那么，我们不如从人们思考和谈话的逻辑去分析，来解答这个问题。西蒙·斯涅克（Simon Sinek）提出了著名的黄金圈法则，如图 1 所示：

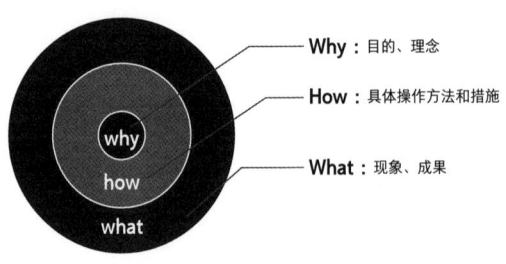

图1 黄金圈法则

西蒙·斯涅克认为,思考(Why)这一层面是探究事物本质的方式,也更容易找到解决问题的根本方法,或者创造出更多有效的方法。要知道,如果你的方向和目的错了,那你无论怎么做都是错的。

因此,我建议你这样设计30秒的电梯演讲:

陈述公司的策略和愿景

若你的公司属于初创型企业,你可以说:"你好,王总。我们是×××技术型创新企业。公司的核心研发团队来自×××大学。我们的产品是解决消费者中×××人群的问题。"

若你的公司是一家大型系统集成商,你可以说:"你好,王总。我是×××公司的销售经理。(双手递上名片)我们公司是中国最大的××系统软件提供商。我们这一次来贵公司开会,旨在和客户服务部门谈

×××的项目需求。"

陈述公司的核心价值（核心优势）

你可以说："你好，王院长。我公司是本土的光网络企业，总部在杭州。我们自主研发的×××产品在国内市场有25%的市场份额，而平均售价只有进口产品的三分之一。"

如何结尾

你可以要领导的名片，或者加个微信。

很多销售人员，不敢与领导直接接洽，更不敢和领导交朋友。他们觉得只要和项目组的基层人员打交道就够了。其实，从做第一次电梯演讲开始，你就要做高层拜访(call high)。

所以，你要勇敢地向对方的领导层索要联系方式，并在随后的一至两周内安排回访。

最后，随着公司的发展、新产品的发布以及新市场的开拓，你需要设计几个不同版本的30秒电梯演讲，并且要把脚本写下来，对着镜子练习，不断地观察自己，进一步改善表达方式和表达技巧。

一个好的脚本要自然流畅，而且越简单越好。重点讲清楚为什么（Why），以此吸引客户，他们才愿意继续和你探讨你推广的是什么产品和服务（What）以及如何实现（How）的问题。

第 2 章

竞争信息的较量

香港美心集团是一家大型跨境食品集团，旗下有主打川粤菜的酒楼、连锁快餐店和烘焙店，还代理国际连锁咖啡品牌。香港的快餐行业竞争很激烈，要想站稳脚跟，必须规模化发展。2009年，美心集团已经有800多家快餐店和烘焙店，其产品种类繁多而且价格不贵，"粥粉面"、三明治、铁板牛排……应有尽有，平均客单价为50到80港元，冬天还有美味的日式寿喜锅。后来我才知道，这家公司的老总伍先生是香港的商业领袖，在中国民航建设初期，民用航班上的配餐就是美心集团承接的。

但是，连锁快餐店的实际盈利并不多，并且财务系统非常严苛，在账面管理上，连一颗土豆、一张A4纸的价格都要精打细算。所以，在这样的客户面前，我们的笔记本电脑自然卖不了太高的价格。

"你玩过什么电子游戏没有?"我问面前这个高高瘦瘦的女孩儿。

她垂下眼睑想了片刻,抬头望向我说:"梦幻西游,热血江湖。"

她叫骊爽,是我新聘请的销售经理。她是山东人,本科毕业于香港理工大学,主修计算机专业,在香港做过招聘猎头,卖过保险,如今转行到IT行业。她刚入职便迎来了一次挑战:负责参与电子竞标——香港美心集团招标,要采购2000台笔记本电脑。笔记本电脑更新迭代很快,美心集团每两年就会发起一次电子招标。智能系统代理商IBM、戴尔、惠普和华硕都对这单生意虎视眈眈。

我说:"其实电子竞标和打游戏的道理是一样的。"我并不打算给这位销售新人标准答案,或者直接说出电子招标的规则,而是用她熟悉的例子来启发她。我顿了一下又说:"要求玩家冷静迅速,所有的竞标者要在多轮60秒倒计时中报出最低价格,这个价格至少要保持60秒,才能中标。你在这个投标过程中就像股市'操盘手',不能出错,要对输入的金额负责,在有压力的情况下进行有竞争性的动态投标。"

还没等我说完,她就脱口而出:"我明白了,老板,这不就是'杀低价'嘛!我们每一组项目都报最低价,能赢就赢,不赢就跑。"

乍一听好像是这么回事儿,但这样果真行得通吗?我没有直接反驳她,而是帮她稍作分析。

一上来就报出最低价,在第一时间就把手里所有的牌都打出去,这在德州扑克里叫"全押"(all-in),这种直接报出最低价的行为,不仅危险,而且无法获得利润。正确的投标策略是,采用阶梯式下调价格的方法,先尽可能多地踢掉竞争对手,最后只剩两家,集中竞标。

竞标的过程,既考验价格下调的尺度,也考验手速。

"除了策略和速度,电子招标的关键要素还有什么?"我又向骊爽抛出了一个问题。

骊爽没有过多思考便回答:"不能报高价,不能报低价,更不能报错价格。"

看来她很聪明,但我想,这可能也是她今后需要调整的地方——她反应很快,但不够谨慎,欠缺计划性。

我告诉她了一个关键词——竞争信息。毕竟,知己知彼,方可百战百胜。

竞争性谈判的三个核心要素是:授权、时间和竞争信息。

骊爽提议去图书馆和网络上查找客户产品的历史价格,再整理出一张表格。她的思路值得肯定,不过,笔记本电脑更新迭代的速度极快,产品的生命周期只有三个月,所以周期内元器件(CPU、内存、显卡)的价格波动很大。而图书馆或网络媒体上收录的价格信息都太陈旧了。那么,怎么才能找到最新的价格信息呢?

骊爽眼睛一亮,瞬间来了精神:"可以去湾仔电脑城和丰泽电器!这两个地方我经常去。"

"好，你去转铺扫街，一家一家地询价，把惠普、华硕、戴尔的高、中、低档笔记本电脑的零售价通通记下来。"

电子竞标，虽然面对的是冰冷的电脑，看不见人，但这是多方作战，较量的其实就是价格信息。

骊爽开始了入职后的第一项任务。

她很快就拿到了当季的价格数据，并整理出了5组配置各自的最低成本，得到了公司的书面许可。财务副总裁告诉骊爽，不要有太大的压力，电子竞标就像田忌赛马，不要纠结于单项竞标的成败，要着眼于市场占有率，五场能赢两三场就可以了。

投标前，我做了一个微小的调整，在配置中最低的组上设置了一个"深水炸弹"，也就是以成本价投标。毕竟辛辛苦苦准备这么久，至少要赢一个，中标了不赚也不亏。

我向骊爽解释了为什么要选最低配置进行评价投标：这样不容易产生破坏市场规则的价格倒挂，要不然可能会发生高配置电脑的价格比低配置电脑的价格低的乱象。

一切准备就绪。

投标当天，我和骊爽坐在一间会议室里，一台电脑连接着两台监视器。从进门开始，骊爽就一直紧紧地攥着拳头，很少说话，看得出，她很忐忑。我坐在一旁，全程充当旁观者，除了确保骊爽在既定的原则下完成操作之外，很少发表意见。我给她倒了一杯咖啡，帮她稳定情绪。

一个多小时的商战拉开了序幕。我们的心随着屏幕上一分一秒的倒计时跳动，多数时间里，我们通过50港元、30港元的降幅来试探对方的投标价，随着时间的流逝，竞标逐一尘埃落定。

在最惊心动魄的第三场竞标中，我们放出了"深水炸弹"。

倒计时60秒——我们杀出了超低价。系统提示：恭喜！您的投标价格目前是最低价格。

倒计时50秒、40秒——屏幕上其他的竞标公司没有丝毫动静，我们猜测他们可能已经有点儿慌了，认为我们公司是在亏损投标。

倒计时30秒、20秒——仍然没有竞争对手出现。

10秒倒计时结束——骊爽和我不约而同地转头并会心一笑——"深水炸弹"果然起了作用。

5个竞标产品，我们最后赢了3个，这个结果令人相当满意。骊爽泛红的脸上还没有褪去紧张的痕迹，她难掩心中的激动。

这也印证了我最初招聘新人的原则是对的。通常招聘时，要么招聘有能力的人，要么招聘成本较低的人。而我更看重面试者的资质和能力，始终秉持"在预算之内聘请最聪明、最能干的人"这一理念。看来，骊爽合格了。

黎先生在这方面也给了我很多启发。他曾对我说过，衡量销售助理这一职位的面试者，他的标准是"天、地、拳、功、信"。

天，即天资，就是说这个人是否足够聪明，理解能力和学习能力够不够强。

地，即是否接地气，最好和内（程序员及其他内部合作团队）、外（客户或甲方）都能打成一片。

拳，即有没有销售技巧、谈判经验。

功，即对销售技巧要有精进的意愿，销售技巧易学难精，需要不断锤炼，耐心复盘，才可能有所精进。

信，即做生意一定要讲信誉。

在黎先生的启发下，我开始着手销售助理的招聘。我第一时间找到了哈维，不仅因为我信得过哈维，还因为想回报他对我的帮助。哈维的团队快速筛选了一批销售人才，从深圳和香港分别给我提供了十多个人选。

他们当中的许多人都有着优秀出彩的简历，但我还是一眼看中了做过猎头、从事过保险销售的女孩儿骊爽。进一步面试后，我发现她的反应很快，很接地气，还很谦虚。也许是做过猎头的缘故，她擅长与人打交道，而且可以放下身段去扫街转铺，所以，她也就顺理成章地成为了我的第一位助理。当然，她虽然思维敏捷，但心直口快的特点也在后来签几个大单的过程中给我们带来了一点小麻烦。

这次电子招标结束之后，我问骊爽，她得的奖金准备怎么花？

她说，要买新裙子、化妆品。

我教了她一招——买最新款的iPad。在集团开会，以及与合作伙伴或是重要客户商讨业务的时候，可以拿出iPad展示方案。

她欣然照办。

不久，我们公司的同事就传开了：拿iPad的那个新来的姑娘在这次电子招标中大显身手。

有一天清早,我把骊爽叫到会议室,让她详读一沓厚厚的文件,这是我们的大客户国泰航空的内部资料。我的下一个目标是进军航空公司。

◆ 快问快答
谈判的声调

你有没有在街边观察过路人吵架?我试着总结过,不管是男性还是女性,是年长者还是年轻人,吵架时往往会用升调说话,语句短促,有时会夹杂命令式的祈使句。这样的语调和语气,会让双方越吵越激烈,有的甚至打一架了事。所以,在谈判中,除了要有得体的衣着、训练有素的形体语言,还要注重自己的语言和声调。在双方意见出现分歧甚至争执不下的时候,最有效的办法是采用不疾不徐的语气陈述观点,用降调结尾。这种语气可以帮助你营造出一种有威信的氛围,并能避免触发对方的防御心理。

从心理学和语言学的角度来说,以下三个小技巧都有助于谈判成功:

1. 尽量使用长句,并且以陈述客户(对方)的信息、背景等作为开始。

在以 20 世纪 60 年代的美国为背景的电影《隐藏人

物》(Hidden Figures)中,黑人女主角向法官请求进入一所全都是白人学生的高中就读。在与法官的对话中,她是这么开始陈述的:"法官大人,您是您的家族中第一个参军的人,也是家族里第一个上大学的人,是被三届州长委任的法院法官",然后,才一步步地陈述,自己的梦想是成为 NASA(美国国家航空航天局)的一名女工程师。只有开始说这样一番话,才可能慢慢地打动法官,最终法官同意她进入这所学校上学。

2. 尽量提供两三个方案,引导客户(对方)做出选择。

要避免在谈判桌上进行完全开放式的讨论,因为,这样很容易让双方无法在有限的时间内达成一致。当然,也要避免只给出唯一的方案,这会让对方感觉完全没有变通的空间,只有接受与不接受两个选择。

3. 在开始说一句话时,先重复客户(对方)刚刚说过的观点。

从心理学的角度来说,重复对方的观点会让对方感到被重视。另外,哪怕你一时没有想到解决方案,单纯地重复一遍客户的原话,当个"复读机"也没有什么坏处,也许当你复述一遍之后,就能想出有创意的新方案。

第 3 章

先做人，
后做事

转眼到了秋高气爽的季节，此时我已经入职几个月了，不仅有了初具规模的销售团队，还有了属于自己的独立办公室，偶尔在办公桌旁煮一杯咖啡，感觉相当惬意。

平日里，同事都微笑着用港式英语称呼我——维塔（Victor），慢慢地，我也习惯了这个名字。

一天，行政部门的秘书通知我，中午和CEO黎先生喝早茶。

喝早茶的地方是香港马会会所嘉乐楼，环境古香古色。一进包厢，我就看到了黎先生、专业服务部门的副总裁梁总、售前总监、研发部门总监，还有人力资源部门总监。大家说说笑笑，气氛很融洽。

那段时间，恰逢我们公司的办公系统更新换代。这个公司是个有两千人的集团，员工分布在香港、澳门、台湾、广州、珠海等地，可以想象，网络升级和邮箱更换可不是个小项目。

公司决定,这个项目不假手于人,由公司的专业服务部门自己承担下来。

席间,黎先生突然侧身问我:"维塔,最近公司在更换邮箱系统,怎么样?还顺利吗?"

我并没有多想,如实回答:"广州和珠海的邮件还没有开通,有两天了。"

黎先生稍作了解后,便没再细问,后来我注意到,负责此事的专业服务部门的梁总在旁边一直黑着脸。没想到,正是我的这句无心之语,让我和梁总结下了梁子。

第二天,我与专业服务部门的几位经理开会,路过梁总办公室的门口,看见他大踏步地从屋里走出来。身高一米九的他高大威猛,穿着一件黑色西装,就像电影里的古惑仔,一脸怒气地质问我:"你为什么要和我的人开会?真是浪费我们的时间!"

我有些蒙了,心想:"这是什么情况,开会不是事先说好的吗?为什么临时变卦了,还用这么蛮不讲理的方式质问我?"

我定了定神儿,解释道:"梁总,拓展公司的跨境业务是集团的战略,我和专业服务部门开会,是为了加强部门间的互相了解……"

当然,聪明的人会意识到冲突的根源是我之前的那句无心之语。梁总这样横插一刀,又不说明缘由,着实让我感到不舒服。后来,人力资源部门总监不知从哪里听说了这件事,特地找我沟通,问我是否被这件事情困扰,还安慰了我。

时至今日,每次回想起梁总那怒发冲冠的样子,我仍然觉得浑身不自在。我的那次失言，表面看起来是在不恰当的时间，不恰当的场合，无意中说了梁总的"坏话"，而本质上是动了他的"奶酪"。

这件事让我深刻地意识到，在职场上，除了做事，更重要的是做人。一方面要注意维护好自我形象，另一方面也要善于沟通——中国人做生意，讲究的是"和为贵"。

做销售工作，就是在经营一个品牌。公司有公司的品牌，部门有部门的品牌，个人也有个人的品牌。而个人品牌通常是由第一印象和日常工作中的互动建立起来的。还记得我让骊爽用她的第一桶金买了一个最新款的 iPad 吗？其实就是在让她经营个人品牌，让客户觉得她是一个愿意探索新事物，而且办事讲求效率的人。

销售的本质是沟通，不管是对内销售还是对外销售，也不管是向上管理还是向下管理，都需要沟通技巧，只不过目的不同。外部销售的最终目的是签单，内部销售旨在调动资源。比如，你可以经常到其他部门转一转，和其他部门的同事多交流，经常向领导汇报工作，和各方关系熟络了，需要调动资源的时候别人也愿意帮助你。

就像上文中的"早茶门"事件，如果需要如实报告系统升级中出现的故障，其实可以用更好的沟通方式表达，比如，单独和 CEO 黎先生沟通，或者私下和梁总反映一下情况，等等。一定会有更好的方式，既能保全对方的面子，又能解决问题。

在这件事情上，我的做法确实欠妥。

后来，我总结了一套外企生存法则，既可以施展合乎人情世故的销售策略，比如在项目开始前了解客户关系，做一些中长线的铺垫；又能够通过捕捉和分析人性的弱点来实现销售的目的。对这套法则的熟练运用，让我在此后的职场中走得更稳、更远。

当然，工作中也会遇到难以避免的矛盾和冲突，虽然这些冲突发生时会让我感觉不舒服，但会让我在事后不断反思。在团队内部的冲突中，尤其是与团队建设及人员架构有关的问题，我会丝毫不留情面。

有一次，我解雇了一名销售员。

他是一位年轻的"老"员工，在广州的办公室工作了两年，也谈成过一两张订单。有一次，他发来月底的报销报告，其中有两笔餐费超标，每一笔都是四五千元。我询问他那两笔餐费的客户和相关项目的情况。他说这两次吃饭请的是同一个代理商，没有推进什么具体项目。接着，我问他为什么一顿饭花了这么多钱。

他看上去有点局促，紧张不安地说："我请代理商吃饭，他的客户是一家厂商，要开一瓶好酒，我没拦住，结果餐费就超标了。"

一位征战商场 20 多年的前辈曾向我传授经验。据他观察，有的销售人员太过圆滑，跟客户称兄道弟，私底下免不了会赚一点灰色收入，俗称"under the table"（私下交易）。

我也曾向黎先生请教香港的送礼文化。我问他："在香港，想和客户搞好关系，可以送钢笔或者红酒吗？金额大约1000港元。"

黎先生回答："如果客户是特区政府的工作人员，那就绝对不可以，因为他们在香港廉政公署（ICAC）的监督之下，意在避免腐败和贪污行径；如果是企业客户，礼物不超过一定标准就好。"

关于红酒，黎先生特意强调了一个原则：不要送客户拉菲红酒，因为销售人员的价值在于帮助客户促成项目的交付。如果客户因此升职加薪，可以自己去买拉菲庆祝；如果项目搞砸了，最终无法交付或者延迟交付，客户被问责，甚至被降职，送他再多的拉菲也没有用。

作为这位年轻员工的直接领导，我认为他犯了三个错误：

第一，超额消费没有及时报备，等到月底才被动报告。

第二，连客户是谁都没弄清楚，花钱无目的性。

第三，项目进展不明确。

代理商请厂商吃饭是可以理解的，但我们为什么要花钱替代理商拉关系？维护客户关系的目的是提高工作效率，得到回报。销售人员就像一名厨师，手里的食材是有限的，面对20个客户，不能平均分配。要进行分析和归类，对于容易产生大单的客户，可以用较高的成本去维护，餐费偶尔超标也可以理解，但聪明的销售人员应该学会利用有限的资源（销售费用和宝贵的时间）创造出最大的价值。

有一天，行政部门的秘书通知我，中午要和老板共进午餐。坐上黎先生的黑色奔驰s600，我问他："今天要见重要的客户还是合作伙伴？"黎先生和善地笑了笑，对我说："今天是你入职三个月的日子，恭喜你转正了。咱们一起吃顿饭，聊聊天。"

◆ **快问快答**
谈判前的时间管理

你有没有这样的经历？在重要的考试、面试，或者是有客户参与的会议上，你迟到了，满头大汗，于是狼狈地进入会场，顿感心慌意乱。这种情况多半会影响你接下来的表现。

我发现，有两种人几乎从不迟到：一种是打高尔夫的球友，另一种是军人，常年严格的训练，让他们对守时有执着的原则感。

那么，有没有小技巧可以防止迟到呢？

一、如果在自己不熟悉的城市开会，我会在正式会议的前一天去会场转一转，计算好时间。这样的"踩点"是为了熟悉环境，从心理学的角度来讲，也有助于做好谈判前的准备。

二、我会提前出门，提前30分钟到达现场。但是我不会急着进入会场，而是在附近找一间咖啡厅坐一会儿，整理一下思路，或者拿出谈判材料，在开会前再看一次。

三、我会提前 15 分钟进入会场。如果你比客户到得早，就可以选一个相对舒服的谈判位置，做好准备，然后与进入会场的客户打招呼，交换名片。

四、如果需要的话，我会提前召开预演会议（rehearsal meeting），邀请内部同事参加，把可能涉及的议题快速地过一遍，同事的讨论会帮助我拓展思路，还能提醒我要避开哪些"雷区"，并且有助于在正式会议中把控时间。

针对时间管理，有了以上的方法，你就可以从心理上做足准备，从而管理好每一次会议。长此以往，你谈判的得胜率一定会提高。

第 4 章

高级销售人员卖的是解决方案

销售人员就像游戏角色一样，每种角色都有不同的段位和级别。初级销售人员卖产品，中级销售人员卖服务，而高级销售人员卖的是解决方案。

初级销售人员的工作是简单模式，比如卖 iPhone 的销售人员，只需要把 iPhone12 和 iPhone13 的区别熟记于心，再滔滔不绝地讲给顾客就可以了；中级销售人员的工作就像卖保险，卖的是一个保障，他们要预料到可能发生的状况，同时需要学习如何沟通，如何救火；而高级销售人员卖的是解决方案，即进行方案销售（solution selling），他们面对的通常是大客户，需要打出一套漂亮而缜密的组合拳。

进行方案销售堪称"艰难的战争"，需要销售人员具备恒心、决心和智慧。他们需要一次次耐心地询问客户的意见，向客户提供产品和测试方案。试错、失败和挫折，在迈向成功的道路上,都是必经的障碍。

那是2010年4月里的一天,当时的香港温暖而潮湿,氤氲的水汽弥漫在大街小巷上,而会议室里丝毫感觉不到闷热,我和骊爽正与凤凰航空公司的采购负责人利奥(Leo)签署软件开发合同。经过漫长的努力,我们终于敲定了这笔百万级的生意,这也是我们公司那几年的跨境业务中金额最大的一张订单。

2009年末,我们获知航空业巨头——凤凰航空公司(以下简称凤凰航空)的机务系统要进行软件升级。这次升级的契机,是凤凰航空当时引进了波音公司的旗舰机型——波音787,随即遇到了文档系统格式不匹配的问题。一次会议结束后,CEO黎先生让我留下来,希望我们能把智能系统与国泰航空公司(以下简称国泰航空)15年的合作经验,复制到与其他航空公司的合作上去。

一家具备国际规模的航空公司,有数不清的计算机需要软件系统,航空机务系统是其中的核心,而航空公司的内容管理是文档电子化的必然趋势。当时,几乎所有的机务文档都在逐步走向数字化,其文档信息可谓海量。打个比方,一架波音747的机务文档,包括零部件规格指标、使用手册和维修手册等,如果用A4纸把这些资料全部打印出来,其重量相当于一架波音747。

我们面对的竞争十分激烈,对手有中航集团、IBM,以及凤凰航空自己的研发中心。既然是销售,我们就要明白自身的优势、劣势，以及我们应该做出哪些努力，从而最大限度地利用已有的资源。

我们的核心竞争力就是与国泰航空 15 年的合作经历，所以我们销售的既是专业经验，也是品牌。凤凰航空的这次系统更新刻不容缓，时间压力给所有竞争者都带来了挑战。

而凤凰航空自己的 IT 实力也不容小觑，他们有自己的研发中心，历时 6 年，打造了一个有 400 人的庞大的研发队伍，期间还曾获得了中国软件行业最高等级的软件开发金樽奖。

我和骊爽早早便开始为打好这一仗准备起来。

咖啡社交

一天午饭后，我看见骊爽靠在桌子上，单手托腮，似乎正在沉思。

"怎么了？愁眉苦脸的。"我揶揄她。

"凤凰航空的案例材料，有好多地方我都不是太懂，又不知道从哪里学习。"骊爽抬头看了我一眼，闷闷地说。

我很理解她，这种感觉我再熟悉不过了。我也是在正式开始工作之后才意识到，之前在学校学的那点知识完全不够用，工作中难免会涉及专业以外的新领域，需要不断地通过各种途径汲取新知识。离开了校园的学习环境，从哪里获得这些知识，又该如何消化它们，这是很多职场新人的困惑。

"小问题。其实喝咖啡就是一种很好的方式。"我启发骊爽，

"你试着约公司里负责国泰航空项目的销售经理和售后经理喝咖啡,去向他们请教。一般来说,从他们那里获取的信息都是一手的、最新的。作为一名合格的销售人员,你也要弄清楚自己公司提供的是怎样的一款解决方案。"

其实,喝咖啡是香港很多职场人士在社交时的一种常用手段,一刻钟左右的礼貌性会面,带来的是高效的信息交换,如果发现了合作的机会,双方会再追加一个正式会面。和至少要一个小时的时间、成本较高的饭局相比,咖啡会面的性价比显然更高,所以受到了众多职场人士的青睐。

据我所知,骊爽确实约到了一位负责洽谈航空机务业务的同事乔治(George)喝咖啡,他在香港生活了20年,曾在欧洲和亚太区工作,对民用航空IT系统有很深的了解。这位60岁的行业老手,其经验弥足珍贵。他不但教了骊爽一些实用的技巧,在为人处世方面也曾给过她指点。比如,他强调,诚信是销售人员最重要的品质,不能因为公司的利益而进行过度销售,夸大产品或服务功能,给客户造成风险。这些指点也让我受益匪浅。

拜访高层的必要性

为了实地拜访凤凰航空的相关负责人,我和骊爽决定北上,去其总部所在地北京。几天后,我和骊爽踏上了北京的土地,这里的气候和温度与香港截然不同,商业环境与香港也千差万别。

这次出行，我们没有急于见客户，而是先在酒店的商务中心将客户的组织架构图画了出来，包括相关人士的姓名和职位，这些人涵盖了项目的决策者、技术负责人和商务负责人。在这个过程中，我们发现好多信息都是缺失的，比如，我们认识负责采购的经理，却不认识数据中心的负责人。

组织架构图上缺失的信息需要补齐，决策才能更加完善。

"我们该从哪里开始呢？哪些算是重点客户？"骊爽停下手，转头望向我。

"我们也不用认识太多人，组织架构图并不是越全面越好，咱们梳理出与项目决策相关的八到十个人就够了，这样也能节省时间和精力。那你想想看，一个项目，最后是谁说了算？"我反问她。

"肯定是最高决策层了，"骊爽说，"可我只是个销售人员，应该只能和执行层面的人打交道。我要怎么去拓展这些关系呢？"

我点了点头说："对，一定要自上而下，重点拓展管理层的人脉，先打通与对方老板的关系。你可以从现有的关系入手，找到一个信得过的客户，然后问：'请问你们数据中心的负责人贵姓？我希望找个合适的时间去拜访他，你方便引荐吗？'"

直截了当地向对方表达需求，积极地拓宽关系，是销售工作的一个重要步骤。

而后，我也跟骊爽谈到了另一个会被很多人忽视的方面：如何处理与"敌人"（竞争对手）的关系？比如凤凰航空开发中心的研发总监是 IBM 的忠实用户，之前凤凰航空的很多项目都是与IBM合作的，他手下的工程师也都在用IBM的产品。所以我大胆推测，在这个项目上，他可能也倾向于投票给IBM。

"对于这样的关系，我们只需要礼节性地拜访即可，不必浪费时间。"我对骊爽说，"让一个忠实用户改变立场恐怕是很难的，咱们只要不得罪他，注意我方的信息保密就行。"

接下来的一个月，骊爽成了北京—香港往返航班上的常客，她经常泡在北京，请客户吃饭、聊天，组织技术交流会，组织测试方案，四个星期下来，和客户基本混了个脸熟。

下一步棋——搞定高层领导。

我们决定去拜访凤凰航空的高层，这样的拜访通常不会在第一次会面时就深入地讨论项目，而是会先建立私交。从职位对等以及会议重要性的角度考虑，我决定这次亲自负责主谈，骊爽负责安排我们见面。对方是凤凰航空负责软件开发的总经理，姓林，这位女士是个技术型人才，从工程师到开发组长，再到总工程师，一路兢兢业业地走了过来。

林总50岁上下，很有气质，留着干练的短发，眼神中充满自信并带着几分温和。我先简单地进行了自我介绍，接着便问道："我知道您很忙，请问您今天能留给我多长时间？"

我得知她有一个小时的时间，心中便有了数，开始安排聊天内容，把握谈话节奏。

林总是这个项目的第一个关键客户，她的首要需求是为凤凰航空引入波音787，但就像前文所说，凤凰航空的软件系统目前有兼容性上的缺陷，必须另外引进或重新开发一套更适合的内容管理系统。

只有善于询问,才能打开销售的窗户。介绍完自己之后,我主动用子女教育话题破冰。

"听说您有一个女儿在美国读书?"

"是的。"林总微笑着回答。

我也曾在美国留学,便借此机会谈起了中美教育在理念上的差异。整个聊天过程我们都很放松,像聊家常一样。

"出国留学需要自己面对一切,您家千金,个性一定也很独立吧?"

林总回答:"她跟我非常像,什么事情都由自己决定,租房子、找导师、选室友,我都没操过心,个性确实比较独立。"

我接着问:"既要克服时差,又要和孩子联络情感,保持沟通,您是怎么做到的呢?"

林总微微一笑说:"我有一个小窍门——学英语。我在上英语课,已经坚持半年多了。我会把每一堂课的作业发给她,我们分头作答,然后再一同对答案,这样有了共同话题,也就不会疏于沟通了。"

我由衷地感叹:"和孩子一起学习,交流学习心得,保持沟通,果然是个好办法。"

这次见面我们并没有谈生意,而是先交个朋友,互相加深认识,拉近距离,这样才能建立信任。在与其他客户交往的过程中,我也会找到一些我们的共同点,比如摄影、爬山等共同的爱好。成了真正的朋友,也就更容易成为长期的合作伙伴。

第二次拜访林总时,我们正式进入了谈合作的阶段。骊爽准备好了凤凰航空机务文档管理项目的方案,由她主讲,我在一旁协助。我们尽量去捕捉林总所有微表情的变化,收集她所有言语上的反馈。会谈结束后,我们回到酒店的商务中心复盘,推测林总可能会对哪些产品感兴趣。在这个过程中,骊爽提出的问题也会给我启发。我很喜欢这种并肩作战的工作模式,这是一个互相学习的过程。

这个项目的另一个关键客户是软件中心的一位项目经理,他姓李,负责波音飞机的文档管理工作。他需要一套软件,既能兼顾老款的波音737和波音747的文档管理,又能导入新款波音787的数字化文档,而且这套软件一定要支持中英文双语系统,原厂的电子文档才能在导入后没有乱码,并能被快速归档和检索。

李经理推崇新技术,愿意学习新经验。为了迎合他的这种习惯,骊爽安排公司的高级技术顾问直接和李经理进行沟通。

2010年的8月,作为国泰航空的长期服务商,我们受邀参观国泰航空的总部——国泰城。

国泰城功能完备,里面有4星级酒店,还有供飞行员学习的模拟器,整座大楼耗资约49亿港元。借着这个机会,我们代表智能系统组织凤凰航空的客户和我们一同参观国泰城。

国泰航空的总经理接待了我们。由智能系统促成的国内两大航空公司的这次聚首，其意义不仅在于双方之间的交流，更深层的意义是，我们想借着与国泰航空 15 年的合作关系，得到凤凰航空的信任。

参观期间，两大航空公司的老总都谈到了航空燃油的问题。

在这一领域，航空燃油在公司的运营成本中占比很大。随着原油价格的持续上涨，燃油成本不断飙升，每一架飞机在起飞前需要加多少油，都要由计算机系统专门测算。国泰航空有自己的算法和经验，凤凰航空的老总对此很感兴趣，他明确表示，希望以后能与我们智能系统共同拓展航空燃油管理方面的新项目。

双赢

这次拜访原本只是礼节性的访问，却碰撞出了未来深入合作的新机会。这也为日后智能系统与凤凰航空在航空燃油领域的合作打下了基础。

如何销售一个品牌？这背后又有什么经验？作为销售人员，去见客户时，必须知道你有哪些解决方案是独一无二的。找到解决方案的差异性，就有底气报出相对较高的价格了。

黎先生有一句名言：成本是一门科学，而价格是一门艺术。如果你提供的方案在市场上并不鲜见，那你的报价就必须在市场价格的区间之内；如果你提供的方案有独特的差异性，在市场上没有竞争者，你的报价就可以突破市场价格的限制了。

系统集成的项目模式，如果采用传统的报价方式，会让谈判陷入被动。在凤凰航空的这个项目中，从某种程度来说，我们卖的是服务于国泰航空15年的经验，正因此，对方才接受了我们整体比较高的报价，包括软件开发费和航空软件咨询费。

谈判当天，我用了一些小技巧，在谈判现场与CEO黎先生连线，做出向老板请示，为客户申请九五折的举动，也算是和客户拉近关系，让人情注入生意场。

待整个项目进入应用和实施阶段，我们走了最后一步棋，通过一家香港媒体中介——罗比森（Robison），在北京和香港两地进行广泛宣传，为品牌和项目增加影响力。

这些举措的效果很好。一个月之内，智能系统的股价上涨了30%，这笔"意外之财"已经远远超过了我们与凤凰航空之间的合同金额。

◆ **快问快答**

如何收集谈判信息？

信息越多，越有利于谈判的成功。

保证谈判成功的关键信息有四个方面：我方报价、我方底价、客户的预算、竞争对手的底价。我一般会从第一次会议开始收集这些信息。或许你会反驳：第一次会议就关心成交价格，是否为时过早？毕竟这只是刚开始,可能连客户的需求都没有了解清楚。不过,据我多年的经验,从首次见面开始,就要有意识地收集与客户及项目决策相关的各种信息,一旦有机会进入最终的商务谈判环节,随之而来的价格竞争一定离不开这四个方面的信息。我方报价和我方底价,你是可以控制的;至于客户的预算,则需要不断揣摩;而竞争对手的底价,往往更是一个谜。

这时候,你可以通过建立客户关系,通过对接人(客户采购经理、项目经理)获得信息。其中非常重要的一个环节就是要看客户是指定采购还是公开招标,如为后者,客户会表现得对价格更敏感,所以最好规避公开招标的情况。此外,对组织架构图、决策人、财务信息(比如结算货币是美元、人民币还是港元)等进行了解,都会对之后的谈判产生决定性的作用。

除了与客户方的内部人员建立良好的关系之外,我们还要善于利用外部的信息渠道收集客户和竞争对手的信息,包括新闻、官方网站、第三方报告等,这些都是很好的信息渠道。

至于获取客户预算方面的信息,我有一个小窍门:在项目启动的早期就参与制定预算,参与投资回报率分析和制订客户收益计划书。你可以直接询问客户,也可以通过客户的反应来揣度客户的想法。举个例子,你试探性地和客户方的预算决策者对话:"我们的方案在市场上可不便宜呀。"如果对方没有反应，你可以步步紧逼，继续问："你觉得现在的市场价格怎么样？"如果对方一开始就表现得很敏感，就说明对方的预算有限，也有可能是公开招标，你报价时就要小心了。

第 5 章

触碰红线的代价

第 5 章　触碰红线的代价

在香港的地铁和深圳地铁四号线上,环绕乘客的是三种语言的提示音:

"请勿靠近车门。"

"请乘客不要靠近车门。"(粤语)

"Please stand back from the train doors."

普通话、粤语、英语轮番播报,极具地域特色,因为它们都是由香港铁路有限公司(下称港铁)统一运营的。

港铁实力雄厚,除了拥有八达通、地铁等业务,还拥有地产公司。其地产项目大多分布在地铁站附近,业主从地铁站的大厅直接走进电梯,上楼就可以到家了,非常方便。

这样的房子被香港人称为"地铁上盖",当然,和同一地区交通不太方便的房子相比,这些房子的价钱也要贵不少。

港铁是智能系统的老客户,也是我们重点发展跨境业务的对象。

2007年,香港九广铁路公司(简称九铁)公司和地下铁路有限公司合并成为香港铁路有限公司,简称港铁。合并之后,通过人力资源的整合和优势互补,港铁提高了整体竞争力,通过发挥协同效应,既能够提升服务质量,也有利于业务的持续增长。

2016年,港铁日均运送旅客超过550万人次,全年载客量达19亿人次,占香港公共交通总运量的48.4%,是全球最繁忙的铁路系统之一。高效、安全、服务优质是港铁的特点,因此它被称为"香港的骄傲"。

港铁新项目

第一次与港铁的相关人员开会,是智能系统的CEO黎先生带我一起参加的。

我还记得,位于智能系统公司大楼19层的大会议室里,棕色的会议桌旁围坐了十多位来自港铁的客人,为首的是港铁的首席信息官(CIO)孙先生。

孙先生穿着一套黑色的阿玛尼西装,身材不高,宽宽的肩膀,炯炯有神的双眸,斯文而不失威严。

这次高层会议以探讨智能系统和港铁未来的合作为主,还穿插着IT技术交流。

"IT应该是价值的创造者,"孙先生说,"IT应该与业务单位密切沟通，高度匹配，顺应公司战略，为用户提供创新有效的 IT 解决方案。"

那些西装笔挺的业务代表时不时地在自己的本子上做着笔记。

黎先生顺势介绍了智能系统与港铁在香港的 IT 业务合作，以及每年 4 亿港元的合同额，业务范围包括信号系统、数据中心、网络系统和软件外包服务。

我也随即介绍了智能系统近期的跨境客户案例，比如凤凰航空和可口可乐的项目。

我一边讲，一边向孙先生看去，当听到我们在大陆和台湾有丰富的跨境业务经验时，孙先生微微点头，这也让我暗暗松了口气。

通过这次交流学习，我结识了多位港铁的部门领导，包括东港地铁的 IT 负责人包总。据介绍，东港地铁是港铁和东滨市合作经营的一家地铁管理与运营企业，还计划承接东滨市地铁的若干条线路，我心里窃喜，这些大项目可都是极好的机会。

会议结束，我握了握包总的手说："今天，我学到了丰富的经验，改天我们去东滨市回访。"包总友好地笑了笑。

这一切都为后来的东港地铁项目打下了良好的基础。

诚信是职场上的生存底线

骊爽加入我的团队后，智能系统的业务也扩大了，我又招聘了三名销售经理，负责不同的行业解决方案和代理商业务，张海波就是其中一位。

海波是80后，祖籍湖南，在广州长大，毕业于广州的一所大学，粤语和普通话都很流利。

面试中，他给我的第一印象很好。他在香港另一家系统集成公司工作过三年，负责售前和售后工作，懂得网络技术为他的面试加了不少分。虽然他欠缺大客户销售管理的经验，但我当时的想法是，可以慢慢培养他。

海波在智能系统工作后不久，便顺利地成为港铁项目的销售经理，这也是他职业生涯上的一大挑战。

海波性格好，懂技术，有售前和售后的工作经验，善于维系关键客户，愿意花大量时间维护中下层关系。他认为，搞定人，就能搞定项目。

这个销售思路很好，在许多行业都十分常见，但缺点也比较明显。比如，大公司的人员流动性很强，一旦关键客户轮岗或者离职，前期的投入就可能付之东流。

这次的东港地铁项目确实与我们以往的合作项目有所不同，港铁一般会给供应商设置若干"障碍"，我们需要一一应对，我称之为"闯三关"：第一关是对东港地铁的学习和理解，毕竟东港地铁既由港铁管理，又有东滨特色；第二关是对接小项目，借此去磨合，试水，考察团队的能力；最后一关才会给出主体项目。

在此期间，与客户进行任何正常的商务接触都是可以的，但一切非正常的暗箱操作都是绝对的禁忌。

闯第一关时，一切正常。我们被安排参与东港地铁的沙龙，这是一种非正式的技术交流会议，席间会进行一些技术、案例和客户经验的分享，氛围轻松愉快。

第二关，我们作为供应商，需要完成一些基础的、难度不高的小项目，比如地铁上的手机信号覆盖，复杂环境中的无线网络（WiFi）覆盖等。

海波与项目负责人之一高经理私交甚笃。高经理是东滨地铁的老员工，有很强的技术背景，性格直爽，愿意广交朋友。

港铁的包总很严肃地告诉我们，东港地铁在诚信和廉洁方面对员工的要求非常严格，并提醒我们把握好分寸，我们有员工和他们的人走得很近，而且双方的家属之间有生意往来，东港地铁已经掌握了部分证据，只是还没采取动作。

包总为了顾及双方的面子并没有提及具体人员的名字，但我们这一方的人都很清楚他说的是谁。为了防止后续合作出现更严重的问题，我们严肃地提醒海波，一定要遵守诚信原则，他也点头答应了。

第三关是东港地铁的重大项目。仅仅是东滨地铁其中一条线路的IT系统，其一年的合同额就高达几千万元人民币，项目范围是"端到端"的交钥匙工程。中标方需要负责完成一整条地铁线路的规划设计，其中，IT新系统的建设，有十几个子系统，包含硬件、软件、网络和专业服务，还有详细的项目管理计划和人员培训等。我们公司非常重视这个项目，香港总部派来很多同事制作标书，与软件厂商协同合作。

这一阶段的客户经理还是海波，但这一次，他并没有听取公司的警告。他认为团队闯过前两关，成为东港地铁的供应商，他功不可没。于是，他越陷越深，甚至做出了一些出格的行为。

无论从哪个方面来说，这些行为都是不被允许的，违背了诚信原则。

内部调查

最终，事情败露了，对各方的影响都很大。高经理涉嫌贪腐被辞退了。

面对这样的残局，我们立刻飞到东滨市去见包总，想得到对方的谅解，再次获得信任。毕竟双方有着10年的合作历史，同时，我们全力配合，对这次事件展开了调查。

我们的CEO黎先生听说销售经理出了问题，并没有简单粗暴地直接将他开除，而是安排了一场一对一的会谈，想听听海波自己的想法。

在一间小会议室里，黎先生和海波断断续续地谈了半小时。得知海波的想法后，黎先生语重心长地说："香港文化里，年轻人打工或者开创事业，要'勤力'，就是说要努力工作，不能走捷径。蝇头小利抓得多了会影响心态，经常在红线左右跳跃，还有可能触犯国家法律。"

海波内心还是不服气，认为我们的想法太老套，便选择主动辞职，离开了公司。

最后，东港地铁项目公示中标结果（唱标）的时间延迟了一个月。甲方内部的审计调查结果显示，我们这个项目符合要求，没有出现严重的贪腐问题，所以给项目的打分也都很正常。我们拿到了这条地铁线路 1/3 的业务份额。对于我们公司来说，这是一个大好的消息，标志着我们在港铁跨境项目上的大客户战役再下一城。

再次见面

广东地区的商业圈子很小，距海波辞职一年半之后，一次偶然的机会，我在深圳参加一个商会论坛时见到了他，他的外貌和衣着发生了巨大的变化——西装笔挺，梳着大背头，开着一辆黑色奔驰 E 系轿车。

我走过去拍了拍他的肩膀，他转过头来看到了我，显出一脸惊讶的样子，然后跟我握了握手。

"呦！这么久没见，你发财啦？"我打趣地说。

海波神秘地笑了笑，说："上车，我们一会儿细聊。"

海波的黑色奔驰行驶在深南大道上，在车上，他打开了话匣子。原来，离开智能系统后，机缘巧合之下，海波了解到金融投资可以迅速挣到钱，于是他调动了身边的所有资源，找圈内人学习，杀入了证券市场，开始做回报多但风险高、波动大的权证。

看样子，海波确实赚了不少钱，我也很为他高兴。

那次见面之后的很长一段时间，我们都没有再联系过。

再后来，听圈子里的人说，海波炒权证亏损，已经开始四处找人借钱，多则几十万元，少则两三百元。他不再参加同事或朋友的聚会，开始自我封闭，独自消化投资失败的惨痛经历。

几年以后，在一个私人场合，我又见到了他。他穿着一件深色圆领T恤，脚踩一双蓝色拖鞋，俨然一幅老大爷的模样，整个人苍老了很多。

他一边喝酒，一边低声对我说："权证亏损真的太可怕了。当时我以为补仓可以挽回局势，所以我的第一反应不是'割肉'止损，而是找亲戚借了两百万补仓，最后全亏了。"

说罢，他双手掩面，沉默良久。

海波说，金融投资亏损，让他万念俱灰，他非常后悔当初没有听黎先生的话，如果一直踏踏实实做事，自己现在的生活一定很不一样。

海波的遭遇让我感触良多。我偶尔会在深夜回想起他所经历的一切。一方面，我会感慨人生无常，格外珍惜自己当下的生活；另一方面，我也从中吸取了教训，谨记黎先生的教诲，要靠"勤力"踏踏实实地做生意，不要总想着赚快钱，任何红线都是碰不得的。

◆ **快问快答**
在谈判中如何保持灵活机动的原则

胡雪岩曾经这样解读利己和利人,他说:"大凡世界上的事不外四种:第一种利己利人,第二种不利己利人,第三种利己不利人,第四种不利己也不利人。第一种事尽可去做,第二种事不必做,第三种事不可做,第四种事情不能做。我做的事业虽多,但总朝着利己利人的方向去做,所以总能无往不利。"

在一场商务谈判中权衡利益时,我的建议是:首先需要定义项目的主要矛盾(主要利益),再考虑与客户的长期关系,最后还要考虑当地市场的长期平衡。

首先,要定义项目的主要矛盾。为了赢得项目,可以在局部利益上适当退让。比如,一个软件工程项目,服务器和网络硬件的采购部分可以适当降价,甚至可以采用分块策略,不参与竞争,将获利点聚焦在软件部分。再比如,和甲方签署关于咨询报告的合同,可以不收取双语报告的翻译费用,当作赠送的服务,以示诚意。

其次,要考虑与甲方的长期客户关系。当一个大客户与你所属的公司存在长期采购的框架协议时,务必要格外谨慎,长期合同的采购条款中,定价策略和服务策略不能频繁变更。为了维护长期的采购关系，一些局部项目、创新项目、试点项目，可以采用优惠价格，或者赠送额外服务。

某些面子项目，比如，大客户的高层亲自抓的新项目，哪怕困难重重，利润率低，也要尽力而为。这时候，你要考虑的是公司和你自己的口碑，当大客户领导有所托付时，必须积极调动资源，从多方协调，不能以成本为首要目标。如果迎难而上，给甲方面子，赢得了口碑，在日后的长期合作中，才能得到对方的关照和回报。

有两个小技巧，可以让你的订单金额实现增长：

1) 建议客户签订 2 年的合同，订单金额 ×2，第二年可以延用第一年的付款条件。

2) 给老客户涨价。涨价的幅度和涨价的方式需要讲究技巧。涨幅太高，客户一定会反弹。客户会用采购的历史金额进行比价，涨价需要有合理的依据。

最后，要考虑当地市场的平衡。在一个国家或者地区的市场中，如果有两三家相互竞争的企业或者运营商，并且都是你们公司的客户，那就需要做好平衡和策划。

在市场启动初期，可以扶持其中一家，以树立自己的品牌为主要目的。当市场发展起来，多家客户都竞相采购你们公司的产品和服务时，就要抓住时机，提高利润率。

  这时候的难点是实现产品与方案的差异化。想让这些客户都以相对比较高的价格采购你们公司的产品与服务，就要思考如何让他们之间互相竞争，使这些客户在保证价格呈上升趋势的情况下出价有所不同。

第 6 章

来自跨境项目的挑战

第 6 章 来自跨境项目的挑战

做销售工作,首先要有客户。关于开拓新客户,比较常见的方式是销售人员的"扫街转铺"和"陌生电话拜访"(Cold Call)。这就像从零开始运营一个自媒体,信息搜集、视频剪辑、在线推广……所有的客户资源都需要从零开始,一点点争取。不过有的时候,也会遇到"老板项目"。

我之前因一时失言而得罪的那位专业服务部门的负责人梁总离职了。公司聘请了一位新任高管,叫雷蒙德(Raymond),是个香港人。他是 ITO、BPO 行业的泰斗级人物,在内地和香港,以及美国等地都有工作经历。

雷蒙德走马上任之后,带来了一个大客户——太古饮料集团,这家集团的总部在香港,工厂分布在全球各地。公司把这个跨境大客户交给我和骊爽负责,这算是一个"老板项目"。

作为香港太古股份有限公司的子公司,太古饮料是可口可乐公司的策略性业务伙伴之一,是全球第五大瓶装饮料企业,从美国进口原液,在中国投资建设装瓶厂,生产塑料瓶和玻璃瓶,拥有制造、推广及分销可口可乐公司产品的专营权,有可乐、雪碧、芬达等60多个品牌,超过230种不同的饮料。2010年,太古饮料在中国的业务蓬勃发展,自建和收购的装瓶厂就有7家,如今已发展到20家。

制造业与物联网的结合

正式跟进这个项目之前,我们先进行了内部讨论,我和骊爽邀请雷蒙德一起开会。雷蒙德个子不高,50岁上下,喜欢穿T恤而非深色西装。他充满活力,喜欢喝冷饮、吹冷气,还开玩笑说,自己在美国读书期间打工洗盘子的时候,最喜欢吹冷气,早已养成了习惯。

骊爽一手拿着iPad,一手拿着纸和笔,笑盈盈地出现在我面前。我调侃她是"原教旨主义"和现代记笔记的方式两手抓。

骊爽问我:"太古饮料这样的生产制造企业需要什么样的IT和网络系统呢?"在会议开始之前,她整理并打印了太古饮料的相关年报,以及海外分部的资料,看来是做足了功课。

为了启发骊爽,我提示她,IT信息系统是服务于生产和销售流程的。举个例子:可口可乐在贵阳有三家代理商,每家代理商的配货策略不尽相同。因为不可能只采购可乐,还需要按照市场需求搭配销售雪碧和芬达。所以,物流软件要服务于ERP生产、营销和库存管理系统。

"像这样的快消品，市场波动很快，代理商有的时候一周就会下一张订单，有时候甚至会一天下一单。"讲到这里，我稍微顿了顿又说，"那么问题来了，站在装瓶厂的角度，要怎么生产，怎么配货并且管理包装箱呢？对于纸箱、条板箱等，如何进行跟踪和管理呢？"

骊爽微微皱了一下眉头，带着几分犹豫猜测道："像超市那样，通过条形码管理？"

"离正确答案很接近了！"我立刻肯定了她的猜想，"不过，20年前我们用数字编码，10年前用条形码，近几年，最新的技术是物联网（IoT）。比如，在纸箱、板条箱里埋入可射频识别（RFID）芯片，装瓶厂、代理商和零售终端，都能通过扫码得知这个货箱里有多少瓶饮料。"

其实，这项技术对生产制造企业来说是必不可少的。站在CIO的角度，需要统一IT管理平台、项目管理流程和管理工具；站在工厂IT主管的角度，需要确保每天ERP的生产数据和市场配货数据得到精确统计，并可以进行动态调整。太古饮料集团就是希望通过推行IoT来加强自身生产、销售和运营的综合管理水平。

骊爽长舒一口气道："这相当于签一个系统集成合同，并且只外包给我们一家供应商。"

我冲她笑了笑，提醒她，事情远没有这么简单。

现在回想，10年前还没有成熟的云服务，也没有现成的IoT标准，对于这么复杂的服务项目，需要客户和外包商有足够的勇气，才能实现改革和创新。

跨境业务：国际贸易思维

以前人们做贸易时，生意可能只涉及几个地区或几个城市。但如今，全球供应链的飞速发展，让很多同行都不可避免地涉及了国际贸易——有可能你的客户在国外，也有可能你的供应商在国外。这就要求销售人员一定要具备这方面的知识和技能，并有意识地训练自己，形成国际贸易的概念和思维，具备法务、财务、税务等方面的知识，这样才有能力参与国际贸易领域的谈判。如果你"一问三不知"，不仅会被客户"牵着鼻子走"，让合作伙伴和客户怀疑你和你的公司没有能力处理跨境业务，还有可能会在签下合同后，由于信息不对等给公司造成损失。

跨境项目的难点在于财务和法务。有时候会遇上需要签"多个合同与多方合同"的炼狱级考验，这对销售经理的财务、法务知识储备有着极高的要求。比如，要及时发现并规避法律风险，要能用法律语言和律师进行沟通。如果某一个环节的税率或外汇汇率计算错误，到了合同履行阶段就可能给公司造成亏损。

所以，我不断提醒骊爽，要与集团的财务、法务部门加强沟通，除此之外，我也尽量亲力亲为，参与重要客户的会谈。

子合同与三方合同

在香港沙田的小沥源，我们与太古饮料进行了第一次正式会议。沙田位于新界区东部,这里有一条清澈的沙田河,两边的建筑鳞次栉比,公路十分宽阔。

太古饮料的IT总监尹先生是土生土长的香港人。他经常去内地工作,所以也可以说一点普通话。

尹先生、骊爽和我围坐在一间隔音很好的小会议室里。不一会儿的工夫,我们三人就在白板上写出了所有的合同方,包括公司IT和财务方面的对接人,还有太古饮料集团的独资子公司、合资子公司,智能系统的香港分公司和广州分公司……关系错综复杂。如果哪个不知情的人看到那张白板,一定觉得我们是在画"蜘蛛网"。

我对着面前的白板定了定神,说:"等等,这样岂不是要签7个子合同?"

尹总笑了笑:"7个子合同还不够。太古饮料的合资公司是由两方合资的,再加上智能系统,就要签署三方合同。"

我的天哪!我做了三次深呼吸,才冷静地问:"还有没有特殊的合同条款和要求?"

尹总继续介绍说,各地区的计提税和增值税的税率都不尽相同,他们要把税务成本也写入各个合同。

成本是门科学

回到香港后,我们开始准备合同,在这个阶段,我们进行了详细而精确的成本核算,这是复杂项目的必经流程,具体包括软件许可证、服务器存储设备的硬件,以及工程师的人力成本——精确到每个人、每一天。此外还涉及人员招聘和项目管理成本。比如,项目经理和软件工程师要经常去客户的各个分公司驻场,差旅成本自然要计算清楚,如果忽视这些细节,粗略的估算便很可能带来难以预料的亏损。所以,在这样的前提下,我们就需要和客户就"不可预见费"进行谈判。

汇率又该怎么计算呢,按照当期汇率还是远期汇率?人民币、港元和新台币也需要进行换算,原厂商S公司的软件成本还涉及美元。

骊爽在笔记本上快速地记录着。面对这些专业的财务名词,她显然有点吃不消,说自己的头都快炸了。

为了避免固定资产支出,太古饮料的尹总提出,要以经营性租赁合同的方式签订协议,也就是说要以租代买。

租赁合同包括融资性租赁和经营性租赁。两者最主要的区别在于,合约到期后,合同标注的物品的所有权归属方不一样。举个例子,这个IoT项目涉及服务器硬件,合同到期后,如果是融资性租赁,服务器就归买方所有,即太古饮料可以继续持有;而如果是经营性租赁,服务器就归卖方(智能系统)所有,需要收回。

因为太古饮料的财务策略是轻资产,也就是说采用租赁的方式进行IT建设,并要以租金的形式分期付款,而不是传统的一次性采购,所以用经营性租赁的合同方式签订协议,甲方的风险会更小。

只要是国际贸易,第一件事就是要定义法务实体(Legal Entity),从而确认税法和管理法的应用范围。不同国家和地区有不同的税法。如果智能系统不同意,就要与客户谈判以规避风险;如果合作过程中有一方违约,双方通常也不会直接选择法院进行裁决,而是会选择仲裁中心,在会议室里和和气气地解决问题。因为风险和损失时有发生,所以仲裁是国际贸易颇为重要的一环。

接下来,我们要与太古饮料的各个分公司谈判。第一场谈判发生在古城西安,由我主谈,骊爽负责做会议纪要,对她来说,这是一个在工作中学习的好机会。太古饮料西安分公司是香港太古饮料与西安银花集团的合资公司,股权配比为50∶50,所以我们需要签署三方合同,即香港太古饮料、西安银花集团与智能系统(广州)分公司三方。确定了法务实体之后,才方便确定汇率,我们用人民币作为结算币种。谈判前,骊爽准备好了详细的报价方案。我们与太古饮料西安分公司协商后确定,在合同的合计金额之外,对方需要支付10%的不可预见费。在双方法务的协助下,谈了几个来回之后,我们的合同便顺利签署了。

香港太古饮料集团在内地还有几家分公司,其商务模式与西安分公司类似。因为有了先前的经验,我就敢放手让骊爽负责主谈了,我负责处理会议纪要和合同文本。

就这样,两个月内,我们顺利完成了与太古饮料6家分公司的合同签订。还剩一家公司——太古饮料台湾分公司的合同没有签。

跨境业务的远见与卓识

回到香港,我们立刻向雷蒙德和 CEO 黎总汇报这一项目的进展。我问雷蒙德:"截至现在,项目签约工作已经完成了一大半,对于后面的工作,你有什么建议和期望吗?"

雷蒙德颇为感慨地说:"跨境合同的谈判如此复杂,可以预见,未来的交付也会耗费大量的人力、物力和管理成本。如果能够把软件和服务切块分割,按照模块化、订阅制的方式销售,就会减少复杂性,甚至可以把签约和交付变得更为标准化和自动化。"

他的话不无道理。现在回想起来,雷蒙德真的很有远见。十年后的今天,亚马逊就是这样打败印孚瑟斯(Infosys)的。不是吗?

◆ **快问快答**
  陌生电话拜访的优势

可以加快反馈速度

向潜在客户推销产品或服务时,等待反馈是耗时且费力的,毕竟,没有任何其他方式能够像打电话那样可以快速得到回应。有时,打一个电话就能完成整个销售流程。

更加个人化

如果你想用更私人、更亲切的语气与潜在客户交谈，打电话更为方便。一旦知道潜在客户需要什么，你就可以随时调整自己的语气。通过电话，你可以与对方建立一定程度上的私人联系，这是线上推销无法实现的一点。

可以即刻处理负面反馈

在通话期间，如果客户存在负面反馈，销售人员可以立即询问原因（而非只能等待客户的电子邮件回复），从而可以在通话后立刻寻找解决方案，新的解决方案同样可以在随后的电话沟通中反馈给客户。

一对一的谈话

通过陌生电话拜访，销售人员可以将注意力完全放在这位潜在客户身上。随着对话的进行，销售人员可以尝试推荐不同产品或服务以满足潜在客户的需求，从而了解消费者对产品或服务是否有兴趣。

探索更多的机会

与对方交谈的次数越多，就会越了解对方的需求。比如，即便你提供的产品或服务不能完全满足潜在客户的需求，你仍然可以获得一些宝贵的意见，以此作为未来业务发展方向的参考。

不受场地限制

　　这种方式不需要具备专门的办公空间或复杂的设备,你完全可以在任何合适的地点进行这项工作。

第 7 章

台湾客户的大江大海

生意场上忙忙碌碌，但在某些特定的空间里，总会有那么一个瞬间，我心中的某些情愫会被点燃。某些见过的人、经历过的事，会让我的脚步慢下来，让我为不同的人生经历轻叹，让我对世界重新进行思考。

先为人，而后为商人

为了完成和太古饮料的谈判，我和骊爽几乎跑遍了所有太古饮料旗下的装瓶厂。在和太古饮料西安分公司谈判之后，骊爽也顺利完成了和其余几家分公司的谈判，唯独其台湾分公司，我决定亲自拜访。

不承想，这次台北之行一方面开启了我们在台湾市场的新业务，另一方面，也让我有机会和当地的朋友相处，深入了解了当地人的故事。

太古饮料在台湾的装瓶厂位于桃园市，那是一座位于宝岛北部的静谧小城。这个被许多人视为"桃花源"的地方一直存留着客家文化的血脉。虽然之前我曾到台湾游玩过两次，但主要是品乌龙茶，参观台北故宫博物院。而我这次的台湾之行有公务在身，感觉还是有些许不同。一下飞机，客户就安排好车把我送到了下榻的酒店。

太古饮料台湾分公司的IT负责人姓周，年纪比我大，他身材高大，走路虎虎生风，更像是一个北方汉子。

当晚，周大哥设宴为我接风，其实就是在酒店旁边的一家日式拉面馆小聚。我们相谈甚欢，话题从香港、桃园开始，再聊到深圳、贵阳。

我问周大哥："听你的口音，不像是台湾本地人。"

"我的祖籍是贵州贵阳的花溪。"周大哥笑了笑，举起面前的茶杯，呷了一口茶。

我不自觉地向前探身道："我去过三次贵阳，很喜欢花溪的湿地公园。"

我热爱旅游，花溪一直是我喜欢的一处旅游胜地，也是小憩、暂住的梦想之地。不仅因为那里像世外桃源一样美，也因为那里对我来说承载着浪漫与爱情的寓意。

大作家巴金曾在花溪旅行结婚。1944年，巴金和萧珊女士曾在花溪小驻。萧珊出演了巴金的话剧《家》，由此认识了巴金。他们这一对佳偶，在战火纷飞的年代，不得不流浪漂泊，聚散无常，两人在花溪的日子便越发显得珍贵。花溪的山水深深地吸引了他们。他们每日都手牵着手迎接晨辉，享受夕阳，在河畔散步，谈论诗歌和戏剧。他们在这里还举行了一场简朴却又浪漫而隆重的婚礼，并在这里度了蜜月。

巴金在谈到中篇小说《憩园》的创作动机时曾经提及了那段在花溪的日子："我们谈着、谈着，感到宁静的幸福，四周没有一声人语，但是溪水流得很急……那个时候，我对生活并没有什么要求，我只是感觉到自己有不少的精力和感情，需要把它们消耗。我准备写几部长篇或中篇小说。"

聊到这里，周大哥问我："你知道花溪的湿地公园叫什么名字吗？"

看到我摇头，周大哥微笑着说："花溪湿地始于清朝，兴于民国。公园在1949年之前叫中正公园，现在叫花溪湿地公园。"

我们相谈甚欢，分别时我有些意犹未尽。

因工作第二次拜访台湾时，我便抽出了时间，再次约了周大哥吃饭。不止是想和他谈生意，也想延续上一次的话题，和他聊一聊桃园，聊一聊贵阳。

这一次，我们选了一家火锅店，喝着台湾啤酒，就着熏人的热气，周大哥讲起了他的家族往事。

周大哥的父亲曾是一名国民党中层干部，1949年，一声军令下，他父亲孤身一人，跟随所在的部队乘船来到了台湾，和大陆隔海相望，从此与贵州老家的所有人都失去了联系。父亲苦苦思恋故土,却不能返乡;苦苦盼望家人,却无法书信往来。

在那个年代,"眷村"是这些人当年迁至台湾后的聚集地,来自同一个地区的人,因为相同的乡音与习惯而生活在一起,仅在桃园地区就有大大小小 86 个眷村。当年涌入台湾的这些人有着不同的故乡,他们带来了各地的生活习惯,也带来了不同地区的美食,比如四川的牛肉面、上海的本帮菜等。有一次,我在台北大安区的街边吃永康牛肉面,入口的瞬间,竟发现这碗面与重庆街头卖的牛肉面味道几乎一模一样。在两岸沟通不畅的这些年里,种种美食虽然出现在异乡,却带着这些人对故土的眷恋,仍旧保持了原汁原味。

不经意间,十年过去了。再后来,像很多人一样,周大哥的父亲在台湾娶妻生子,有了自己的家庭,也有了周大哥和他的弟弟。转眼间,连周大哥都已长大成人,并成为在太古饮料集团工作了 12 年的"老兵",周大哥的弟弟也已经在台湾大学念书了。

远离故土,面对一个崭新的环境,他的父亲靠着做生意赚得第一桶金并在台湾站稳了脚跟。此后,这个家族一直人丁兴旺,在这里安居乐业。

20 世纪 80 年代初,相隔两地的亲人终于盼来了对方的音信。周大哥的父亲一直念叨着要回家乡贵阳探亲。于是,周大哥就陪着父亲一起,经停香港,赴贵阳祭祖。

此时,30 年的风雨已经在老人的面庞上刻下道道痕迹,他和老家的亲戚几乎已经互不相识,他曾居住的老屋不复存在,故土和旧识变得陌生,只有乡音未改。这一刻,老人也许最能体会贺知章笔下的复杂情愫——乡音无改鬓毛衰。

对家乡几十载的眷恋，与亲人突如其来的相遇，竟让周大哥的父亲有些无措。刚回故乡的几天里，他给一大家子上上下下发红包，好像只有这样才能表达这些年来自己对家人的思念。

这趟旅途似乎画上了圆满的句号，老人也可以安心踏上归途了。可谁知，返程日期将近之际，老人把周大哥叫到面前，说自己不想回台湾，人老了，落叶要归根。

周大哥说到这里，我们都沉默了，桌上的火锅汤汁在不停地翻滚，透过热气，我看到了周大哥隐隐泛红的眼睛。我说："我猜你当时还是劝父亲回台湾了吧？毕竟已经在台湾扎根了。老人年纪大了，最多做到每年都抽时间回去走一走，了却一桩心事，这样的结局也算圆满了。"

周大哥苦笑一声，擦了擦眼睛，告诉了我一个意想不到的结局。

周大哥是个孝子，虽然担心父亲在贵州无人照料，劝父亲回台湾，但也能理解老人情牵故里的心情，最后只好把父亲托付给老家的亲戚，独自一人回到了桃园。

父亲留在老家，把带去的美元都兑换成人民币，除了分发给亲戚，还剩下一百多万。周大哥临走之前，父亲跟他深谈了一次，表示想承包一家鱼塘，就此退休，过几天悠闲的日子。

半年后，当周大哥再次踏上贵阳的土地探望父亲时，却看到了另一番情景：老人根本没有承包成什么鱼塘，剩下的一百多万，今天借出去一点儿，明天捐出去一些，早就不知去向。

周大哥再次坦诚地和父亲商量，劝他和自己一起回台湾，毕竟自己可以照顾他。这一次，父亲终于点头。于是，他回到了儿子身边颐养天年，90岁的时候，在台湾仙逝。

变与不变

忙完了合同谈判，离开台湾的前一晚，我没有安排任何应酬，独自沿着台北永康街散步。

街道两边，华灯初上，我看着还留有几分时光旧影的街景，思索着周大哥父亲的后半生，想象着自己未曾经历过的历史变迁和商业变革。对他父亲来说，故乡是可望不可即的地方，在那样一个特殊的年代，"何以为家"成了他父亲内心深处难以言喻的痛。

对于这位老人来说，或许故乡也是一处桃花源，一直存在于他的梦里。承包鱼塘、退休养老的想法，流露出他对故土、对田园生活的向往。

经历改变着我们的习惯和生活。我们都是平凡之身，都在被历史洪流裹挟着跟跄奔走，无论世界如何变化，不管时代和环境对人造成怎样的影响，不论是在异乡做一名商人，还是在故土归居田园，中国人在哪里都是中国人，说一样的语言，吃一样的火锅和牛肉面。

我对台湾是有私人感情的。我喜欢台湾朋友的热情好客，也欣赏很多台湾企业的领导。他们观念开放，深谙广告之道，善用他山之石引领消费热潮。与此同时，台湾地区对中国传统文化的传承，以及文明守信的风气，也值得学习和借鉴。可以说，台湾市场是我的商业福地。与太古饮料集团台湾分公司的顺利谈判让我做成了在台湾的第一张大单，也让我在后来的4G和5G时代，继续能在这里乘风破浪。

这个项目不但给我带来了商业机会，也让我了解了很多的历史变迁，结识了不少有趣的灵魂，品尝了人生五味——对此，我深感庆幸。

一名销售人员的人生，是充满际遇和未知的人生，无论世界如何变化，只要勇敢地走出去，跨过大江大海，就有机会把生意越做越大、越做越精，也有机会结识不一样的人，了解不一样的人生。

◆ 快问快答
谈判得胜的关键时机（Timing）

简单概括，谈判得胜有两个关键因素：地理位置和时间。

谈判的主客场选择颇为重要。这场谈判会发生在我方公司还是客户公司？是我方熟悉的城市还是客户所在的城市？如果谈判发生在我方主场，那自然是一件好事，我方在气势、阵仗上都能占有主动权，对周围环境的熟悉感也能为我方增加底气；但是如果受邀去客户所在的城市谈判，则要视情况而为。

在客场，如果客户很强势，为避免压制感，可以选择在我方指定的场所谈判，比如酒店的商务中心、咖啡厅、餐厅等。要避免在客户的办公室谈判，因为一旦进入客户的主场，前台有他们的标志，办公环境中有他们的标语，这种氛围不利于我方展开谈判。

此外，谈判的时间也是决定结果的重要因素。

在《三国演义》中，诸葛亮在仲冬时节"作法"，借三天三夜的东南风助攻曹营，令樯橹灰飞烟灭。诸葛亮在此之前进行了大量的气象学研究，发现自古就有"冬至-阳生"的现象，因此想到了这招"借东风"，加之搭建风水坛，制造舆论，打心理战，最终得胜。诸葛亮利用时间因素完成了目标。

所以，在谈判过程中，我们也要学会借用时间因素的影响来助力成功。比如，可以利用人体的生理规律推进谈判的流程，不妨把重要的谈判会议约在上午11点，这样，到了中午12点左右，很多客户会出现一种饥饿的疲态，这会使得客户想速战速决，你可能只需要配合一下，就能快速签单。

就像荀子在《劝学》中所言："假舆马者，非利足也，而致千里；假舟楫者，非能水也，而绝江河。君子生非异也，善假于物也。"

第 8 章

间隔 7 年的两次创业

曾经风靡一时的QQ空间，就是"古早版"的微信"朋友圈"，能发说说，能装扮形象，但要在现在的年轻人面前提起QQ空间，怕是会招来一脸嫌弃——"这早就过时了"。

但对于我们这些经历过QQ空间鼎盛期的人来说，它是一个时代的印记。在那个3G时代，能坐在电脑前，在花里胡哨的界面间随意切换，已经是一件时尚与前卫的事情了。

时光流转，岁月更迭，2014年，史蒂夫·乔布斯（Steve Jobs）发布了iPhone6，大屏幕成为智能手机的新潮流。移动互联网的兴起让4G时代悄然而至，平均网速从50KB提升到12M，新时代的移动网速是之前的245倍。在香港地铁上，用手机刷视频、追剧的年轻人突然多了起来。据统计，3G时代的香港，人们每天用手机上网冲浪的平均时间为1小时，到了4G时代，增加到每天3小时。

面对生活中这些细小的变化,我嗅到了时代变革的气息。身边的朋友中,也有追赶 4G 浪潮的弄潮儿,比如阿辉。

阿辉 40 岁出头,常常穿着一身登喜路西装,浅蓝色的衬衫总是熨得服帖平整。他有张娃娃脸,皮肤保养得很好,看起来要比实际年龄小 5 岁左右。

我结识阿辉时,他在一家公司担任咨询事业部总裁,这家公司是国际四大会计师事务所之一,他负责整个大中华地区,管理着 80 多名咨询顾问,已然是一名经验丰富的高管。每次我与他联系时,他不是在世界各地旅游度假,就是在公司加班做方案,难得见面相聚。

2014 年,他创立了一家移动互联网企业,总部在香港,软件开发和运营部门在广州。仅仅用了一年的时间,他的团队就扩大到了 200 多人,令人惊叹。

一次,我们终于有了难得的见面机会。在广州二沙岛星海音乐厅的雅座,我们喝着咖啡,侃侃而谈。

"你怎么会毅然决然地放弃高管职位,突然做起了移动互联网创业呢?"我问。

阿辉淡淡地笑着说:"这其实不是我第一次创业了,而是一次'迟到七年'的创业。"

首次创业失败

2007 年的夏天格外炎热,傍晚时分,香港街头的灯光被树影剪碎，洒落在地上，一片斑驳。此时，静谧的香港理工大学校园里，常常能看到阿辉和他的三个室友的身影，他们是创业伙伴，都对通信技术行业有浓厚的兴趣，经常就通信协议、客户需求热点，讨论得热火朝天。几次啤酒加比萨的聚餐后，这个小团队决定启动一个创业项目：做一个关于视频电话的应用程序（App）。

我和阿辉很熟，他是个时刻都能保持理性的人，有逻辑，重细节。在我看来，他一点都不像那种"典型"的创业者——那些人大多红光满面，多数时间都在"画饼"，还没有商用产品出现，往往就开始鼓吹产品会有几百万的活跃用户和巨大的收益。

阿辉的师兄利奥（Leo）比他高两届，在他们的小团队里算是大哥。利奥是长沙人，父亲和叔叔一直都在经商，生意做得不错，所以家境殷实。由于他从小就对经商耳濡目染，所以也算了解一些公司运作的基本理念。在他的带领下，小团队的创业项目按部就班，稳扎稳打，完成了包括整理商业计划书、参加商业竞赛、联系投资等一系列步骤。顺理成章地，利奥在这个小团队里扮演着 CEO 的角色。除了利奥和阿辉，小团队的另外两名成员是阿瑟（Arthur）和马克斯（Max），一个负责软件开发，一个负责财务和行政。整个小团队"五脏俱全"，井然有序。

一天下午，四个人打完篮球，回到寝室。阿辉习惯性地打开电脑，发现了一封新邮件，随着鼠标清脆的点击声，屏幕上出现了一个简约的标志，下面是密密麻麻的英文——一家以色列的投资公司对他们的新发明有投资意向。

"你们快来看!"阿辉惊喜地叫出声,四个人一起挤到屏幕前,短暂的商量之后,阿辉回车键一敲,回复了对方。双方几番沟通后,同意进一步谈判。

经过一轮又一轮的尽职调查,以色列的投资人对他们的团队很满意,也很有诚意,表示会在两周后亲自飞到香港,和阿辉等人见面。对于这个小团队来说,这是一次绝佳的机会,具有里程碑式的意义。为了这次谈判,他们提前做足了准备,还提前在网上研究了以色列文化中的职场礼仪,以免见面时出错。以色列这家公司的负责人名叫厄雷尔(Orel),他有着花白的胡须,头戴一顶"基帕"(Kipa)帽,说话很和善。

双方的交谈十分顺利,产品的定位、研发投入和可能的商业模式,一一被确定下来。厄雷尔所在的公司开出了以800万港元入股20%的投资意向书,四个人口头答应下来,就等第二天正式签约了。为了庆祝谈判的顺利进行,厄雷尔决定和四个人共进晚餐。

他们的项目距离成功似乎只差临门一脚,但晚餐过后,他们的谈话气氛却发生了微妙的变化。

四个人与厄雷尔分别后,进了一家烧烤店,准备庆祝一番,他们向老板要了一打啤酒。店里人声嘈杂,酒瓶的碰撞声和食客的说话声充斥着整个小店。

几杯啤酒下肚,阿瑟目光放空,呆呆地看着外面来去匆匆的行人。

"怎么了？想什么呢？"利奥侧过身，用肩膀碰了一下阿瑟。

阿瑟叹了口气，不紧不慢地说："我觉得我们的开价可以再高一点。"

其余三人愣了一下，不约而同放下酒杯，周遭的嘈杂声几乎在这一刻停了下来，空气似乎也凝固了。

"我觉得800万港元还是太少了，如果我们外出打工，每人每年也能挣80多万，还是现金，"阿瑟顿了顿，接着说，"咱们四个现在还没毕业，前途未卜，这样做风险太大了。"

"老兄，这可是我们好不容易争取来的机会啊，有多少创业者手里握着项目还拉不到投资呢。我听说，隔壁学院的一个师哥，年初搞出来了一个声音识别项目，因为无人投资，最后搁浅了。我还是觉得我们应该抓住这次机会。"阿辉拍了拍阿瑟的肩膀，目光望向另外两人。

阿瑟没有抬眼，也没有说话，眉头紧皱，有一搭没一搭地摆弄着手里的瓶盖。

"不过，我觉得我们做的视频电话软件有实力颠覆整个通信行业，甚至会打破语音通信行业的垄断格局，"利奥又开了一瓶生力啤酒，接着说，"我爸爸有个朋友也在做通信创业项目。我听说，这样的项目可以融资一两千万港元，在美国差不多也是这个数。厄雷尔这次给的确实太少了。"

利奥的话给了三人重重一击，大家的情绪开始变得复杂，既期待手中的项目立刻能有一个美好的前景，又苦于眼下的投资和预期存在差距。

三个人喋喋不休地讨论着,而马克斯一直没有说话,看到他们陷入纠结中,马克斯轻轻试探道:"我们今天和以色列这家公司的负责人已经结束了商谈,口头上也同意了他们的投资意向书,这样出尔反尔,岂不是很不地道?已经答应的条件,如果临时改变,就要有充分的理由。"

听完这话,几个人都沉默不语,只顾大口大口地灌着啤酒。

时间一分一秒地过去,终于有人打破沉寂,开口说话。几个人最后得出一致的结论——"我们值得更高的投资。我们要拒绝厄雷尔,赌一次!"

第二天,原本兴致勃勃的厄雷尔却得到了迎头一击——阿辉等人反悔了。刚开始,厄雷尔还有点懵——明明昨天还谈得好好的,怎么一觉醒来突然反悔了呢?但他并没有过多争辩,得知这个消息后,气得转头就走,直接回了以色列,从此杳无音信。

令人意想不到的是,2008年金融危机席卷全球,市场上几乎再也没有人愿意出高价投资高科技产品了。他们的第一次创业就这样流产了。

7年后的雄起

创业项目流产了,小团队自然就解散了。之后的七年,他们各自奋斗,娶妻生子,但心中似乎都憋着一股劲。人到中年后，在职场上各自遇到了瓶颈，于是，创业梦又开始在他们心中鲜活起来。

2014 年，四个人一拍即合，打算在移动互联网领域重新创业，加入 4G 大潮。只是，他们没有料到，他们这一次的产品，吸引的不再只是 800 万港元的投资，而是高达 5 个多亿港元的投资。经过一年的辛勤耕耘，一轮天使投资和 A 轮、B 轮两轮融资后，他们拿到了一大笔投资。目前公司有 200 多人，已经和苹果公司签订合作协议，发布 iOS 版本的 App，进入了苹果的生态圈，并对新上市的 iPhone6 进行了优化。用户普及度很高，起步阶段的注册用户人数已高达 200 万。

后来，我问阿辉，对于 7 年前那次失败的融资谈判，现在回想起来，是否还会耿耿于怀？

阿辉笑着摇摇头，说："人没有必要后悔。其实这 7 年过去，我们四个人没变，但这个团队早已不同了，产品也有了变化。一个创业者能做的，就是在自身的错误和他人的错误中汲取经验，认真检讨以前的错误。比如，当时我们对那个项目的估值判断确实是有误的。当时，我们只有一个产品原型，和一款成熟的商业软件相比，还差得很远，我们高估了自己产品的成熟度。不过，如果我们当时足够了解市场行情，也会有更多的筹码和信心与对方谈判。那时我们四人都年少轻狂，只会互相'打鸡血'，结果都没能对谈判双方进行客观评价。整个团队才会在那一次战斗中迷失方向，最终失去了创业的机遇。"

阿辉又补充说："当时是 2007 年，那时候创业几乎是没有财务顾问的。一般来说，像我们这样的创业者，普遍缺少财务知识，而投资者又缺乏技术知识，双方都有盲区。现在有了像财务顾问（FA）这样的'投资中介'，他们左手握有诸多投资者的资源，右手握有各种各样的好项目。投资决策会更加高效和有序。"

沉淀后的雄起确实来之不易。在商场征战多年，我非常理解他们的艰辛。

我问阿辉，对于创业者的融资谈判，你有什么心得？他是这样总结的：

第一，每一次融资谈判前都要做足功课，要尽量揣摩透投资方的心理，更要对市场动态和我方能力有一个清醒客观的认识；

第二，作为初次创业者，当你羽翼还未丰满的时候，不要过分放大自己的能力和价值，既要有胆识，也要保持谦逊的姿态。只有这样，你才可以稳稳地把握住自己在谈判中的位置。同时，要重视资金的时间价值。今日一斗米，胜过年底一碗金。

第三，每一个创业者都是踩着大大小小的失败迎难而上走出来的，对于创业者而言，每一次失败的谈判都是最宝贵的经验和财富。

我笑着抛出了最后的问题："如果时光可以倒流，你会和其他三个合伙人一起接受以色列投资人的投资条件吗？"

阿辉思索了片刻，笑着说道："哲学家赫拉克利特（Herakleitus）曾说过：'人不能两次踏进同一条河流'，不是吗？"

◆ 快问快答

客场谈判，如何变被动为主动

李嘉诚先生早年在总结他的写字楼业务时说过，判断一个楼盘是否有升值潜力，要考量三个因素：位置，位置，还是位置。

位置对于成败当然至关重要，就连体育比赛都有主场与客场之分呢。

一场谈判中，你的位置不同，结果也会有巨大的差别。

很多时候，你必须要到客户的主场谈判，而且可能需要克服时差和舟车劳顿带来的疲惫，还有可能要一个人面对一屋子的客户。这种情况下，该怎么做才能攻克身处客场的难题呢？

你可以选择公共的会议场地进行谈判，比如酒店的商务中心，咖啡厅，会议室等。

你可以壮大你的谈判团队。你负责在谈判现场主谈，你方的技术专家、产品经理或者品牌经理可以通过远程软件接入会场，他们可以打开摄像头，正襟危坐，精神百倍地为你助战。

你可以事先准备好谈判方案和详尽的汇报材料，引导对方关注产品的这些细节。当谈判的重心聚焦在产品、解决方案和带给客户的价值上时，双方就会慢慢淡忘主客场之分了。

你可以利用你的客人身份适当示弱。遇到强势的客户，你可以说："您看，我们山长水远，来到贵公司总部，专门和您见面，我方是有诚意达成合作的。"

最后，如果是在客户的产品使用现场谈判，你还可以提议参观客户的 IT 监控中心、机房或是系统控制中心。此举有三个目的：第一，从用户的视角详细地了解其业务运行和维护流程，以便发现我方方案中的价值点；第二，可以观察客户有没有使用竞争对手的产品和方案；第三，有可能在现场发掘出新的商机，在合同范围之外找到新的需求，以便拓展未来的项目。

第 9 章

高层谈判的"拳法"

2014 年,苹果手机的代际更迭开始成为人们的日常谈资,不少人彻夜排队抢购 iPhone 6。当大家在互联网上围观生活中的奇闻逸事时,更大的屏幕、更流畅的音频和视频、更清晰的画质,正逐渐渗透到人们的生活中,悄无声息地上演着一场巨变。

2015 年初,我跳槽到一家法国软件服务公司 POZ。入职后不久,我便作为公司大中华区的销售总监参加了阿尔卡特 - 朗讯(Alcatel-Lucent,下文简称阿朗公司)在澳门举办的一场通信行业展会。这场展会让我嗅到了 4G 大潮即将来临的气息。

以前我也经常参加类似的展会。那些展会大多穿插着各大厂商的主题演讲、客户代表演讲,有站台,也有技术测评。而阿朗公司举办的这场展会,主角却是一些像 POZ 这样的小公司。我们和竞争对手在会场都有展台,有时间的时候,我们也

第9章 高层谈判的"拳法"

会看看竞争对手的展台,了解他们的产品和服务。原来,阿朗公司,这个当年的一线电信设备商,是想建设一个以自己为核心的生态圈兼"朋友圈",致力于让大家共同服务于全球的运营商市场,大家团结起来都有饭吃。这个策略合乎逻辑并且显得很大气。

展会期间,我浸泡在各个会场的主题演讲中,很快参透了一个道理:4G要想超过3G的平均网速,瓶颈不在于无线网络部分,因为手机和基站之间的传输效率很高;瓶颈在于"固网传输网络",尤其是"回传网络"(backhaul network)。换句话说,4G网管需要软件厂商能够提供"端到端"的监控和服务保障能力。

随着数据通信的变革,针对服务保障的市场需求激增。据粗略估计,当时全球对于服务保障已有超过5亿美元的市场需求。4G时代与3G时代不同,运营商面临多厂商服务、数据通信等技术挑战,这在技术史上是一个变革的节点。而在这场4G服务保障技术战中,赢家不是像爱立信、惠普、思科(Cisco)、华为、中兴通讯这样的大企业,而是像POZ这样,有多厂商支持能力和独特的4G领先技术的专业厂商。

良禽择木而栖,我很庆幸自己选择了POZ。这家法国公司给我的感觉是,它始终在不温不火地进行软件开发,就像烹饪菜肴,有的人喜欢大火快炒,有的人则更讲究小火慢炖。POZ的研发团队积累了15年经验,从GSM、3G到LTE,一路走过来,始终保持开放和低调的合作态度,与每一家设备商都"背靠背"签协议,因此能够监控设备商种种不同的设备,同时也满足了运营商的现网实际情况。

与中兴通讯的谈判

POZ 的全球销售副总裁马克(Marc)是个很典型的法国人,骨子里带着风趣和浪漫。与很多法国人一样,他也喜爱美酒香车,喜欢逛古董市场,对各种艺术品都有独到的见解。而且,他竟然还曾是一名职业拳击手,手指受过伤,因此不能完全握拳。

一次,我们在巴黎招待几位中国客户。晚宴之后,马克执意要送客人回酒店,几番推辞不成,最后出现了这样的场景:夜色中的香榭丽舍大道上,马克驾驶着他心爱的黑色宝马X5,一路飙到 120 公里 / 小时(根据交通法规,巴黎市内居民区的干燥路面限速为 80 公里 / 小时),所行之处落叶翻飞、烟尘弥漫。正当我们屏息凝神、心跳加速时,马克一个急刹车,停在了凯旋门附近的路边。还没等大家回过神来,他已经打开车门,热情地邀请大家下车欣赏巴黎的美丽夜色了。

2014 年的秋天,马克到中国拜访客户,其中最重要的一个任务是会见中兴通讯当时负责全球营销的 C 总。这次会谈,适逢 POZ 公司已经完成中兴通讯的产品认证,主要洽谈针对面向 4G 海外市场的电信运营平台的合作意向。我们的见面地点定在上海。也许双方都觉得这次会谈不过是一次礼貌性的拜访,仅需要互通信息而已。

我方去了三个人，分别是全球销售副总裁马克、亚太区销售副总裁杰夫（Jeff），还有负责大中华区的销售总监——我本人。在秘书的带领下，我们走进C总的总裁办公室。这间办公室简约而整洁，窗边有一个书柜，中、英、日语书籍整整齐齐地放在上面。办公桌上摆着精致的烟灰缸和一只沙芬（Savinelli）烟斗。办公室的套间里有一张小圆桌，勉强坐得下五六个人。我们就座后，秘书示意我们稍等片刻，便轻轻走出去了。

不一会儿，身着蓝色西装、身材修长的C总走了进来。C总五十有余，属于中兴通讯的"少壮派"，从小在南京长大，因为爱打高尔夫球，脸和手臂都被晒成了健康的古铜色。为了准备这次高层会谈，我在两周前曾单独拜访过他，汇报了前期的工作，并询问了中兴通讯预期的主要海外市场。

寒暄过后，C总用流利的英文问马克："我们有时会在会议室里抽烟，你不介意吧？"马克笑了笑，说不介意，他自己也抽烟，有时候还会抽雪茄。话音未落，C总就拿出了一包软中华分给大家。大家点上烟，总裁办公室里瞬间青烟袅袅，原本有些拘谨严肃的氛围马上变得轻松起来。

C总随即谈到他对POZ的第一印象：在欧洲市场很强大，连法国电信巨头法电集团（Orange）都是POZ的客户，但是在亚太地区的影响力却比较弱。大家正一边听一边悠然地吐着烟圈，突然，C总话锋一转，看着马克的眼睛，慢吞吞地说："3年前有个机会，中兴通讯差点把POZ收购了，但后来因为估值太高，就放弃了。"

我立刻察觉到这句话中的火药味。如果用拳击比赛来打比方，那么C总的这记刺拳并没有什么杀伤力，其意在刺探马克的反应。这句话虽然带着一点骄傲自大的意味，但也可以解读为C总在表达对POZ公司的赏识。

马克是我方在场的最高级别领导，他不发言，我和杰夫自然就不插嘴。我们暗中也有些期待，想看看我们的"法国拳击手"如何接招。

只见马克坐直身体，面向C总，语气轻松地回答道："是呀，您当年真应该收购POZ，那样的话，我们就变成一家中国公司啦。"

在场的主客双方听到这句话全都笑了起来——这记刺拳被马克巧妙地躲开了。

之后的一个小时，双方进入惯有流程，一一介绍准备好的PPT。中兴通讯介绍了4G在海外市场的发展计划，POZ介绍了方案和服务支持模式。

我本来以为这次高层会谈就要在愉快的氛围中顺利结束了。谁知马克突然向C总发问："我看完了你们亚太区和欧洲地区的市场计划，第一年你们打算做多少个项目？"C总显然有备而来，立刻放下手中的烟，说第一年打算做七八个项目，首先合作的将是荷兰的A项目和泰国的B项目。我对这两个项目的背景大致有所了解，二者远没有到做方案、报预算的阶段。如果按照以往的销售流程，我会与对方的技术部门把这些需求的细节都一一落实，再通过采购部门提交商务报价。而且，即便如此，项目也不一定能最终落地——在执行前，还存在竞争对手的威胁。

马克站起身，杰夫和我也随即起身。马克很自然地握着C总的手，说道："今天十分感谢中兴通讯的接待，会谈很有成效。我们会后立即制定荷兰A项目200万美元的方案书，尽快交给您，并会确保第一个项目的交付成功。"

这一招，好像是一记突如其来的勾拳。马克话音坚定，项目落地顺理成章地敲定了。

C总礼貌性地回答道："好的，我们期待你们的方案。"

合作就这样谈成了。会后我立即开始着手执行，与中兴通讯项目组的客户一起忙碌了两周，终于把这份合同签署完毕。

多年过去了，我对这一次高层谈判依然记忆犹新。我曾反复思索：马克是否在事前就有所准备，才能对200万美元的项目当机立断？C总又为什么能迅速作出反应，让项目快速落地，顷刻间就敲定了A项目的进程？这是场即兴的谈判，还是双方合作的大势所趋？对于这些问题，我一直百思不得其解。

优质企业文化的感染力

我是如何加入这家公司的呢？这还要从一次和猎头的见面开始说起。

那家猎头公司是一家新加坡企业，当时，两名猎头约我在尖沙咀半岛酒店的咖啡厅见面，他们向我介绍了这家公司——法国电信网管软件厂商POZ，并向我引荐了我未来的直接上司，即上文中提到的，来自澳大利亚的销售副总裁杰夫。

我能感受到，这家法国公司非常重视中国区的市场，CEO和CMO（首席营销官）亲自参与面试。CMO甚至专程飞到香港，他没进办公室，反而请我去吃海鲜。席间，他谈到对亚太市场的期望，我也询问了他们的市场策略。

工作面试对我而言也是一场重要的谈判。在准备阶段，我就反复琢磨一件事：如何才能让对方充分了解我的个人优势？面试期间，除了展示我的个人履历和我对大中华区市场分析的PPT，我还给CMO讲了一个颇有深意的小故事：

有个叫鲍勃（Bob）的人在池塘边钓鱼，洗手间在池塘对面，每次去洗手间时他都要绕池塘一周，很麻烦。他偶然看到了一名老者，这位老者居然像会轻功一般，在水面上轻踩几步便到了对岸，鲍勃自觉神奇，不禁模仿，却落水了，浑身湿透。被老者救起后，鲍勃问老者是如何做到的，老者微笑道："我在这里钓鱼已久，水中间有截短木桩，今日下雨后水涨了，所以看不见木桩，而我却知道木桩的位置，仅此而已。"

事实证明，我的策略奏效了。入职以后我才知道，杰夫在香港的第一周，通过三家猎头公司，一共见了17位面试者。时至今日，我偶尔也会暗自猜想：另外16位仁兄，后来的职业路径又会是怎样的呢？

对于很多初入职场的销售人员来说，有能力接住猎头伸出的橄榄枝固然重要，但有眼光筛选出优秀的公司，则更有利于个人的成功跳槽。征战商场的数年中，我曾无数次被问及，怎么才能识别出好公司？优质的科技公司应该具备哪些特质？

我认为最重要的特质有三个：
- 公司的 CEO 有战略眼光。
- 公司的团队有执行力，做事情讲求效率，以结果为导向。
- 公司掌握核心技术，有技术领先的研发部门。

商场之战起伏不定，地铁一卡通企业曾经连续 8 年年收入 3 亿元人民币，但因为支付方式的变革，后来的年销售额缩减至几千万元。还有那些曾盛极一时的教育培训类企业，因为政策的变化，业务缩减大半，不得不辞退几万人，关门闭店。因此，我逐渐领悟到，公司的成败与行业大势息息相关。作为外企的打工人，首先要清醒地认识到，一家公司有高速发展的概率，也有急速衰败的可能。认识到公司的生命周期，就不会盲目跟风，或者单纯寻求高薪，跳槽到一家高风险的"短命"企业。

POZ 的 CEO 菲利普（Philippe）与很多外企高层不同，他颇有学者气质，经常推荐一些管理学、哲学领域的好书给我。他的学习能力很强，我去巴黎总部汇报中国区市场的工作时，他会从头至尾地认真参与商业计划，虚心提问，时不时打断我一下，把负责售前的 VP 和负责研发的总监都叫过来，请大家一起加入讨论，BP 会议变成了讨论大中华区业务的头脑风暴。菲利普也时常就国家文化、国际市场竞争、运营商对 4G 的需求热点等发表独特见解。

我格外欣赏他的魄力——果断，敢于投资。法国是劳动力成本较高的国家，IT研发工程师的薪资很高。而菲利普会用最贵的钱招聘最好的工程师和最好的销售人员，仅仅是负责售前和售后工作的150人，几乎就可以支撑全球1亿欧元的市场。当我提出大中华区需要售前资源时，他颇为果断地派了一名法国工程师来上海驻扎了一年。后来我才得知，菲利普早年曾在欧洲的强生集团（Johnson & Johnson）做人力资源总裁，很懂得培养和使用优秀的人才。

在我入职的过程中，有几件小事让我印象深刻。

这家法国公司的入职培训与我以前就职的其他企业不同，足足安排了一周时间来进行一对一的辅导。该公司在全球有400余名员工，我是大中华区的第一名员工，当时还没有办公室，我和杰夫有时会约在酒店的商务中心，有时会约在星巴克咖啡店，每天8小时，一对一地上课，做练习。

杰夫比我年长十岁，因为喜欢喝酒，略有肚腩。从澳大利亚起家后，主要负责新西兰业务，后来成为亚太区的负责人。他在电信行业从业20年，足以做我的师傅。培训教材是一整套PPT，从电信网络七层协议开始，再深入到骨干网、传输网、回传网，继而一步步进入RF射频无线网络。针对客户的PPT中，有一些内容是面向CTO高层的技术展示，有一些内容是面向网管工程师的技术和产品细节。

业务培训过程虽然艰辛，但事实证明，这个培训非常有利于我接下来的实战，即业务拓展工作。我对公司的业务有了全方位的把握，在参加国际展会，寻找新客户，洽谈合作的过程中就更有底气，更能精准把控谈判的细节，也有了更多胜算。

在培训期间，我和杰夫变着花样地在香港寻觅美食。杰夫从入座、点菜、进餐，到买单、给小费，都彬彬有礼。有一次，我们点好菜后，我离席去接电话，回来后发现，一桌子的美味，杰夫一筷子都没动，一直在静静地等我。进餐时，杰夫会蘸着汤汁把面包吃掉，斯文地结束战斗，盘子总是干干净净。

入职后一个偶然的机会，我看到了杰夫面试我之后写的评价报告，关于我在中学时代爱好钻研物理、业余时间喜欢打德州扑克这样的细节，都被他写进了报告里。此外，候选人的性格、团队合作能力，以及合作经验，都被他详细无误地记录了下来。最后，他还会写出明确的招聘意见，也会坦诚直率地写出候选人的优缺点。

培训的最后一天下午，我和杰夫来到酒店楼顶的酒吧。高强度的学习和工作终于完成了，我也松了一口气，便破例陪他喝了一杯啤酒。杰夫戴着墨镜，惬意地晒着太阳，突然转头问我，预计多久可以出订单。

我想了想，根据这一段时间自己了解到的市场情况，估算了一下，回答说，三个月就可以有所突破。

一般的美国软件厂商，巴不得销售人员培训完的第二天就能有所斩获，为公司签单。我暗想，杰夫也许希望我能尽快签单,但出乎意料的是,杰夫摘下了墨镜,亲切地对我说:"如果机会成熟,能够签单的时候,记得要把握节奏,签得慢一点,不要让生意来得太快、太突然。"

时间长了,我慢慢发现,对于销售和市场拓展,杰夫这种稳健的心态,是在CEO菲利普的长期影响下形成的,也是这家公司一种自上而下的文化的体现。

◆ 快问快答
如何识别谈判中的关键人物和关键信息

设想一个场景:你正在和一家大企业洽谈业务,你走进会议室,交换完名片后,发现对面有七八张新面孔。

那么,到底谁才是谈判中的关键人物呢?和对方开了两三次会,会议纪要都记了好几页,哪些才是关键信息呢?有没有会议纪要以外的隐性关键信息存在呢?

所以,要想有效地开展销售工作,在计划时间内启动并且完成商务谈判,首先要找到正确的决策者。

销售人员首先会接触到项目的对接人,我称之为"马前卒"。这个人通常不能决策项目的最终预算和项目范围。我会礼貌地和这个人交朋友,但是会避免和这个人开始正式谈判。

通过一段时间的了解和问询，你会找到真正可以拍板的决策者，并直接与其对话。

接下来，你需要研究决策者的"动机"和真正的需求。

刚入行的销售人员常常会去寻找"预算"。但是客户的"动机"比"预算"和"时机"更为重要，也是更为本质的影响因素。

如果你公司所提供的产品和服务与客户决策者的"动机"匹配，对方甚至可以创建出预算，在短时间内完成订单。

这些"动机"包括但不限于：客户的企业战略、重大的并购、客户组织架构的变动、客户对企业变革的需求、海外市场的拓展、客户的竞争对手或竞品策略等。

再举个具体的例子，肯德基餐厅为什么要上线"自助点菜终端（Kiosk）"？是为了展示其高科技吗？是为了防护新冠肺炎疫情吗？

不。肯德基是为了缩短每天单店盘点，以及销售、食材数据等上报的时间。从而在整体上提高生产效率。这样一来，单店营业结束后，不再需要花费一两个小时进行人工盘点，在30分钟内就能完成自动盘点和数据上报工作。

因此，在谈判开始之前，要了解客户三方面的信息：

1）客户的弹性范围。比如客户在时间、市场和资金方面有哪些弹性的变量？

2）客户的动机。对此要多多提问。比如，客户的预算从哪里来？有没有年底突击花销预算的情况？为什么要赶在特定的时间点上线新系统？是否存在甲方影响，比如客户投诉或者必须完成的老板项目？

3）谈判者的弱点。朝堂之上，每个人都有弱点和局限性，有些是其在组织架构中的位置所致——皇帝有自己的骄傲，文武大臣有各自的立场，佞臣有自己的私欲。和一家大企业接触的时间越久，你就越可能将零星的信息整合在一起，悟到对方的"弱点"在哪里。

谈判是一门艺术，没有固定的法则。要深入理解客户的弹性范围，才有可能在技术或者商务方案方面有所突破。要敢于利用对方的弱点，才能转化态势，掌握主动权，提高谈判的得胜率。

第10章

遭遇滑铁卢

2015年初，我加入了法国软件企业POZ，认识了我的法国同事亚历克西斯（Alexis）。他60岁左右，身材瘦削，有着童话故事中精灵一般的明眸。他衣着精致，颇有品味，戴着艾伦·米可力眼镜，说一口略带法语口音的英语，就像电影里的大侦探波洛一样。

亚历克西斯作为POZ公司SD-WAN产品亚太区的市场拓展总监，主要负责产品的售前和售后工作；而我作为销售总监，负责亚太区客户的拓展和关系维系。我们一直并肩战斗，曾经打过几场漂亮仗，签过几个大单。

2015年，通信行业因为4G技术迎来了一个小高峰，SD-WAN也成为网络技术上的创新热点，主要被用于降低跨国企业的网络传输成本，提供广域网优化和网络应用性能管理等方面的技术。

第 10 章 遭遇滑铁卢

那些拥有多个数据中心，办公室遍布几大洲的跨国大企业，纷纷抓住机会与通信公司合作，实现技术的换代升级。在这场浪潮中，除了我所在的 POZ 公司，思科、广域网优化公司 Riverbed 也是非常有代表性的厂商。为了迎合新兴的技术浪潮，思科还开发出了第一代广域网优化解决方案 IWAN。

面对迅速变化的市场和强劲的竞争对手，抓住客户痛点，找到我们在亚太区销售的核心，是我们 2015 年和 2016 年业务的重中之重。

一个午后，我和亚历克西斯约在香港中环的太平洋咖啡厅里见面，打算研究产品，聊一聊目标客户。经过几小时的探讨，我们得出了一致的结论：我们需要用产品击败和替代思科的 IWAN；我们的目标客户群很明确，一类是跨国大企业，一类是拥有跨国 MPLS 业务的电信运营商。

我们将目标锚定香奈儿（Chanel）。

法国著名品牌香奈儿的大中华区被我们列为客户白名单中的首选，理由很简单——香奈儿总部是 POZ 的大客户，在法国乃至欧洲的 50 家门店，所有网络系统都部署了 POZ 的 SD-WAN。此外，和其他顶级奢侈品牌类似，香奈儿亚太区的销售额占比是最高的。仅香奈儿大中华区，包括香港、澳门在内的 50 家门店，所贡献的销售额就超过了全球销售额的 50%。香奈儿在中国香港和新加坡有两个运营中心、三个数据中心。其亚太区总部在新加坡，大中华区总部在中国香港。

借助和香奈儿总部的合作关系，亚历克西斯很快梳理出一张香奈儿亚太区的组织架构图,我们联系到了该项目的负责人——香奈儿大中华区的 IT 主管多米尼克(Dominic)。于是,第一次客户拜访就约在了香奈儿的香港办公室。

香奈儿在香港的办公室位于中环香港俱乐部旁边的高档写字楼里,一出电梯就能看到香奈儿硕大的标志,装修是法式奥斯曼(Haussmann)风格的,主打黑白色调,配以繁复华丽的线条。在这里进出的员工都操着英语、法语和普通话与客户交流。我暗暗揣度,内地的买手店大佬在这里恐怕会很吃香呢。迎接我们的多米尼克是土生土长的香港人,早年曾在美国留学,受西方文化的影响,他待人接物的方式很直接。因为亚历克西斯在场,我们全程用英语交流,多米尼克给我的第一印象是很开放,乐于分享信息,所以我觉得他应该是很好沟通的合作伙伴和优质客户。

这次会议,我们的主要目标是收集信息,所以,我和亚历克西斯合理分配时间,了解了网络供应商的现状和投标流程。投标信息中的重要"情报"涵盖 4 个方面:我们的报价、我们的底价、客户的预算和竞争对手的底价。

这次见面还算顺利,一方面,我们觉得香奈儿的声誉很高;另一方面,我们很自信,认为我们公司已经有香奈儿总部的合作先例,加上应用新技术是大势所趋,项目成功的难度并不算太大。这个项目的总投标金额高达 100 多万美元,如果这个项目成功,不仅能给公司带来利润,还能让我们在市场上获得良好的口碑。

我被投诉了

我们前两次的会议还算顺利,我安排了POZ亚太区的副总裁——我的老板杰夫——拜访多米尼克。但是接下来,我和亚历克西斯感觉到,对方一直在无缘无故地拖进程,一两个月过去了,还是没有给出具体的回复,我们建议测试系统的方案也久久得不到反馈,这让我们有些被动。为了推进项目,我和亚历克西斯商量后,决定试着去拜访香奈儿亚太区的高层领导,于是联系了多米尼克的直接上司帕特里克(Patrick)。我们从多方了解到,帕特里克在新加坡,是亚太区项目的决策者。于是我起草了一封商务邮件,给帕特里克发了出去,并抄送了多米尼克。在邮件中,我总结了前几次的会议和几个月以来的沟通情况,重新强调了我们SD-WAN方案的价值,以及我们对香奈儿亚太区市场需求的理解。我还表示,如果方便,我们也可以去新加坡拜访帕特里克,或者是在香港和他安排一次会议。

一天过去了,帕特里克没有反应。

第二天一大早,我们收到了回复。帕特里克说香奈儿大中华区SD-WAN项目的负责人是多米尼克,希望我们继续和多米尼克联系,继续沟通技术方案和投标报价。

几天之后的一个早上,我像往常一样正吃着早餐,手机突然响了,原来是杰夫发来了一条消息。我嘴里叼着面包片,仔细一看,我居然被投诉了!多米尼克竟然因为我发给帕特里克的那封邮件,指责我越级沟通,试图影响项目决策。他要求在以后的会议上更换对接人，不愿再和我开会。

这个消息就像一记惊天雷，让我顿感措手不及。

我平复了一下心情，立刻和杰夫及亚历克西斯开了一场电话会议。杰夫首先确认我有没有说不恰当的话，有没有出现违反商业道德的行为，得到了否定的答案后，他很负责任地与对方认真核查此事。最终的结论是，我的沟通流程没有问题。杰夫安慰了我，但是，这次的客户投诉仍然让我有些懊恼。一方面，我有些委屈，对多米尼克的行为感到很不解，他的好好先生人设在我心中逐渐崩塌；另一方面，多年的销售经验告诉我，这个大项目可能会丢。

出于礼貌，杰夫出面调和，对帕特里克说自己会接管后续的投标工作。实际上，我仍然参与了后续工作，不过为避免尴尬，我没有再与帕特里克见面。

几个月后，投标失败，香奈儿大中华区最后用了我们的竞争对手——思科的方案。

从第一次见面，到最后输掉项目，一共耗费了四五个月的时间。现在回想起来，我们在这个项目中的角色很可能只是"陪跑员"，而"邮件门"也可能是我们给竞争对手送去的一把梯子。

"一题多解"

在多年的销售工作中，我很喜欢和同事复盘。如果时间可以倒流，我们在香奈儿这个项目上还可以怎样处理呢？

第 10 章 遭遇滑铁卢

在"邮件门"事件发生后,我和亚历克西斯的第一反应是平息客户的怒气,但后来想想,在那个时间点上,最高效的做法或许是进行内部讨论,判断这个客户还值不值得跟进,思考这场仗还值不值得打。

销售中有一条"三三三"定律——有33%的客户一定会购买产品;还有33%的客户需要销售人员不懈的努力及多轮的磨合与交流,最终才有可能签单;而剩下33%的客户则永远不会成交,他们或许是竞争对手的忠实用户,或许有意于使用成本更低的方案。

作为"销售精英",要及时识别出那些永远不可能成交的33%的客户。面对这一部分客户,要及早放弃,这样才不会浪费时间和资源,从而提高销售转化率和成功率。

在香奈儿这个项目中,客户的反复拖延已经预示了最终的失败。我自己也买过香奈儿的产品,也曾出入位于巴黎旺多姆广场18号的香奈儿名品店。我对这个品牌的印象是,它的手袋款式经典,可以选择装饰配件,还可以定制有个性的独特款式;这里的店员看起来都优雅精致,服务细致体贴;所有门店里都有会说普通话的店员,他们会用微信与中国客户保持联系。对中国客户来说,实属一个贴心的奢侈品牌。

香奈儿品牌定位高端,有着强大的市场效应光环。到了谈判场上,我和亚历克西斯难免会被这种品牌光环误导。实际上,不管对方是多么知名的大企业,也不管对方有多么耀眼的背景,我们都要用平常心,认真冷静地分析其组织架构图和决策链,客观地看这个项目，判断它是否值得继续跟进，以及最后签单的成功率究竟是多少。

除此之外，我们对香奈儿亚太区的决策产生了误判，过于乐观地认为，他们会优先选择法国总部的合作伙伴。为什么在法国我们可以与香奈儿的总部签单，而在香港却失败了？冷静下来进行竞争分析就会发现，香奈儿亚太区和法国总部的IT战略是不同的：香奈儿亚太区之前就一直在用思科的高端路由器和交换机设备，如果我们在SD-WAN上取代思科，那就相当于动了一些人的"奶酪"。所以，单从这一点就可以得出结论：这个项目很难谈成功。

总之，这段充满血与泪的谈判经历换来一个教训：企业分部的决策和总部的决策多数时候是不太一样的，绝不能用和总部的合作关系来压制与分部的谈判。

我们再换个角度思考。当大局已定时，如果POZ和思科亚太区的技术部门合作，或许也是一条可行的路线，比如我们可以用分包的方式合作，在网络上用思科的技术，在SD-WAN上用POZ的技术。打破固有的商业模式、与竞争对手合作并行的这种思路，或许给三方都能带来意想不到的收获。

商场上，各路人马短兵相接，真真假假、虚虚实实，需要我们用过硬的实力和智慧去应对一切。我们既要复盘成功的项目，也要用认真的态度分析每一次失败，总结教训，寻求"一题多解"的方案，这也许是所有成功的销售团队都要迈过去的一道门槛。"一题多解"的背后,我们收获的不只有利润,还有阅历和经验,而这些阅历和经验的价值是无法估量的。

◆ 快问快答

如何找到新客户?

1. 利用网络信息收集窗口和在线研讨会挖掘新客户

销售领域有个著名的"二八定律",即 80% 的利润来自 20% 的客户。对销售人员来说,每天都会收到各种各样的用户信息,也会接触到很多潜在客户,但往往其中的一半以上最终都不会成交。如何在拓展客户的初期节约时间成本,高效地筛选客户,是一门不小的学问。

一家成熟的 IT 公司或者通信公司,官网上会有信息收集窗口,消费者如果对产品感兴趣,可以通过这些窗口提供相关信息,比如自己的电子邮箱地址,这些信息会被转发给相关的销售人员。

对销售人员来说,想要快速筛选出"高质量客户",需要注意以下几点:第一,要通过邮箱推测对方代表的是知名企业,还是仅仅代表个人用户,如果对方用的是免费邮箱(如 QQ 邮箱),可能是代表个人发来的邮件,这一类客户我们可以直接筛掉;第二,如果这些邮件来自学生，也可以直接筛掉，因为销售人员的时间宝贵，对不能创造利润价值的对象，不应该投入过多的时间；第三，如果信息来自政府部门，或者电信企业的管理层，则需要认真对待，因为他们大多都可以掌控购买预算。

公司的市场部和销售部共同组织的网络研讨会也很重要，公司会在会议开始前给目标客户群发邮件，还会面向大众进行宣传，这样一来，可能就会出现一批优质客户。这时候，销售人员依旧要先根据公司的知名度来对用户进行初筛，同时要注意以下几个方面：一、对方的职级是否足够高？是否有决定预算或参与预算的权力？职级不够高，没有权限，便可以直接筛掉；二、对方所负责的区域与你负责的区域是否吻合，如果不是，就要把信息转发给相关区域的负责人。

以上是初筛过程中的重点。接下来，你可以回复一封简短的邮件，主动召开会议。如果对方是你从未接触过的新客户，可以在邮件里提及"我们公司的产品和服务是用于销售的"，并且要强调"使用是要付费的"，如果对方仍然有兴趣，就可以继续约谈。

我把这个流程称为"防火墙"，旨在进一步筛除想免费获得软件的人群。

2. 在国际展会找到新客户

在通信和电子行业，企业每年通常有 50% 的销售机会是来自国际展会的，所以，积极参加展会对于销售人员而言也很重要，其中有几个需要注意的方面。

首先，要参加那些知名的、有组织的展会，比如，在巴塞罗那举行的世界移动通信大会（Mobile World Congress，下文简称 MWC）。在展会开始前，你需要精心策划，如果公司有展位，就要提前给所有潜在客户发邮件，写明你的参会时间和展台位置，在展会期间创造与客户见面的机会，毕竟，在邮件里我们是没办法谈成生意的。

与会期间，每天的用餐时间和咖啡时间都是和客户进行直接沟通的大好时机，销售人员可以提前一天在附近找好餐厅，提前预订位置。一般情况下，参加展会的人会有很多，到了用餐时间，人们一股脑地涌向周边的餐厅时，很难迅速找到合适的用餐场所。这时候，如果提前在餐厅订好了位置，几乎就等于约到了潜在客户，双方用餐顺利，沟通愉快，客户也有兴致深入交谈，合作的可能性也就会大大增加。

与会期间，大多数同行都要在展台区域来回奔波，很容易疲惫，这时候可以请对方坐下来喝杯咖啡或是共进午餐。这是很好的放松机会，期间进行的商务会谈，相应也容易产生不错的效果。

对于销售人员来说，不必一直死守公司展台，不妨花一些时间走访目标展台，因为国际展会是很好的学习机会。你可以了解科技和产品动态，发现潜在的合作伙伴时，可以询问对方谁是负责目标市场的联系人，以便在会后继续跟进。展会通常会持续好几天，如果发现了高价值的新客户，一定要在展会期间约好第二次会谈的时间，毕竟这些客户可能来自国外，也可能分散在中国的不同城市，以后再想面对面交谈，拜访成本会很高。

对于在展会期间挖掘到的新客户，你至少要约两次会谈，第一次通常要聊半个小时以上，了解公司情况和产品服务，第二次会面，再直接谈具体的项目和采购情况。

3. 通过社会活动建立自己的关系网

简单来说，实现这一目标有两种方式：一是善用媒体资源，二是积极参加各类商会组织。

在参加展会前，你可以主动与组织者接洽，并争取到有影响力的媒体采访，来扩大品牌的知名度。比如，在2021年的上海国际移动通信展览会上，我们公司通过组织者联系了中央电视台，借助媒体报道，扩大了企业知名度。

此外，积极参与商会、校友会、产业联盟，以及行业协会，也有助于获得各类信息和资源。这类组织的一大优势在于，不需要付费即可加入，有助于扩充人脉，便于及时沟通商业信息。在相关行业协会的社交媒体交流群里，经常会有人询问企业和供应商负责人的相关信息。比如，我加入了香港 IT 行业协会的社交媒体交流群，我想找香港某个运营商的负责人，在群里一问，可能就会有同行帮我联系。这种办法非常方便实用。

第 11 章

谈判是
人性的互动

你有没有类似的经历，每次去超市购物，你都会拎回一堆本来没打算买的东西。在调侃自己冲动消费的同时，你也会感叹自己的后知后觉。从走进超市的那一刻起，你其实就陷入了商家精心设计的"陷阱"——促销商品琳琅满目；进口商品区的水果清香诱人；经过生鲜区时，你总会觉得自家冰箱里缺点什么；然后，你可能会在酒水区停下来，在拿起一瓶葡萄酒的同时，还拿了一个挂在旁边的开瓶器；最后，排队等待结账的时候，你又顺手拿了一条口香糖。

商家的套路万变不离其宗。对传统超市来说，决定销售额和利润率的两个业务核心因素是消费者的行走路径和货品的上架位置。货品选择、补货时间，以及摆放位置，都很有门道。如果顾客的行走路径设计得当，便可以有计划地、最大程度地展示超市的商品，吸引顾客装满自己的购物车；而货品的上架位置则决定了超市在某段时间内要重点推广哪些商品，以达到促销的目的。

一次大胆"挥杆"

我的高尔夫球友老尚于 2019 年初加入"中国糖点"。在此之前，中国糖点已成为美国一家百年企业的旗下品牌。2019 年中，中国糖点大中华区总裁退休，老尚正式接任，成为中国糖点的 CEO。之后的两年里，老尚带领公司团队实现了中国糖点连续两年的飞速发展。

一个惠风和畅的清晨，我和老尚在东莞峰景高尔夫球场开球。

温柔的春风吹皱一池春水，斑驳的阳光在湖面上闪烁，让慵懒的春日变得灵动。闲谈之际，老尚聊起了 Z 集团与中国糖点的一场高层会谈。

当时正值 2019 年底，各大公司都在备战春节的商场大战。Z 集团的总裁赵博士学的是数学专业，历经 25 年，将 Z 集团发展成为中国排名第三的连锁超市集团。

Z 集团与中国糖点的关系一度很差，因为中国糖点在 Z 集团旗下的超市拿不到好的上架资源。对于零售行业而言，在大型连锁超市的上架资源至关重要。比如，一款新推出的冰皮月饼，是被摆放在超市入口第一排货架的中间位置，还是被放在月饼区的角落里，两者的月销量可以相差好几倍。

另外，中国糖点线上与线下交易的数字化整合也不尽如人意,导致其在Z集团的超市销售额和其他美资超市相比,差了一大截。

老尚新官上任后,以CEO的身份拜会Z集团的首席运营官(COO)王总。见面前,老尚作了充分的调研和准备,全方位地了解了Z集团的创始人兼总裁赵博士。或许因为是数学专业出身,赵博士说话非常有逻辑性,对消费行业的未来趋势有很强的战略判断力,并具备国际视野。赵博士在零售行业扎根二十余年,老尚由衷地佩服赵博士不忘初心和坚韧不拔的精神,因此,会见Z集团的王总时,他提出了一个大胆的预判:Z集团将会成功收购日本大旺超市(中国),这次收购是一次很大胆且有一定风险的举措。

老尚分析的原因有三点:

第一,Z集团当时采用数字化管理和多点供应链,有领先优势,虽然多年间凭借出色的国货推广能力在国内占有相当大的市场份额,但进口商品的直接采购渠道不如以进口食品为主的日本大旺超市,如果收购成功,将是一场优势互补的"联姻"。

第二,另外三家潜在收购者——山姆会员店、永辉超市和华润万家,其实对此都构不成威胁。山姆已经有了自己的全球供应链,支持中国区的山姆会员店和沃尔玛门店,日本大旺超市的业务,与山姆会员店已有业务有更多重复的部分,如果收购成功,就需要消化和重组;而永辉超市、华润万家两者都有不同的战略布局,也有其他在谈的收购对象。

第三,关于企业文化。赵博士讲逻辑、以算法为本、数字化管理的策略，与日本大旺超市秉承的"六项精进"一脉相承，最容易"联姻"成功。

听完老尚的一席话，我不禁暗暗称赞，这一番大胆预测，看似只是评估了一场未来的商业活动，实际上却有着几层隐含的意图：

首先，老尚的预测方向表明了中国糖点在中国连锁超市商战中"站队"的意愿，中国糖点借着预测Z集团的蓬勃发展，表达了希望和Z集团长期深入合作的意愿。其次，老尚面对Z集团的王总，敢于"论天下英雄"，让对方产生了惺惺相惜之心。这一番对中国连锁超市商战的分析，必然会引起Z集团高层的深入探讨，促使其考察中国糖点的产品开发能力和供应链能力，进而对未来的合作可能性进行决策。

时间是最好的裁判。2020年4月，备受市场关注的Z集团收购日本大旺超市（中国）80%股权的交易正式完成交割，日本大旺超市（中国）的最终交易估值为19亿美元。

老尚的大胆预测得到了清晰有力的印证。

得知尘埃落定，老尚立即给赵博士和王总发微信，祝贺对方收购成功。这次大胆预测迅速改善了Z集团与中国糖点的合作关系，在2020年的春节商场大战期间，中国糖点在Z集团旗下超市的上架资源得到了大幅提升，这也带来了直接的成果：2020年，中国糖点在Z集团旗下超市的年度销售额增加了一倍。

后来，老尚再次见到了赵博士，恰逢Z集团一年一度的供应商大会。

老尚告诉我，赵博士个子不高，睿智而亲切，眼神平和，身上却有一股坚强不屈的力量。他评价道："赵博士给我的印象非常正面、积极。他是一位专业性极强、具备前瞻性判断，而且对中国零售格局有重大影响力的商界风云人物。我觉得他在价值创造和中国零售业数字化转型方面的成绩是非常值得钦佩的。"

说完，随着老尚一记漂亮的挥杆，小白球轻盈地飞过湖面，稳稳地停在了果岭上。

谈判的进阶是合作

第二次和老尚一起打球，我们约在了深圳观澜湖高尔夫球场的一处场地。

享誉高尔夫球坛的英国人尼克·佛度（Nick Faldo）参与设计了这个高尔夫球场，这里既适合观赏，又适合比赛，其中最有趣的当属第 16 洞果岭，它位于一方四面环水的小岛上，十分有挑战性。

我和老尚一边挥杆，一边谈起 Z 集团的那场颇为精彩的谈判，我说自己从中收获了很多，并问老尚："还遇到过其他给你留下深刻印象的艰难谈判吗？"

老尚沉思片刻后说："其实，我并不认同'谈判'这个概念，谈判是销售工作的一部分，从业务洽谈开始，销售人员就需要进行全面而充分的沟通和准备工作。谈判，看似是临门一脚，但绝对离不开销售人员在前期的大量准备。千里之行，始于足下；九层之台，起于累土。就像打高尔夫球，想打好一个球洞，可以凭借运气，拿到平分（Par）甚至小鸟球（Birdie）都不难，难的是打好18个球洞，这就需要保持足够的体力，认真面对每一个球洞的挑战，特别是需要做到，在种种情绪和压力下还能正确地挥杆。"

接着，老尚讲起了自己以前参与过的一场精彩谈判。

2018年，老尚担任互联网金融巨头"森林金融"的副总裁，负责中国各省的互联网金融业务，推动与政府的合作和项目落地，那次谈判的主场是华东某个省会城市的金融管理局，老尚的团队受邀前去拜访。

此前，森林金融的商务拓展团队曾赴华东与当地的金融管理局（下文简称金管局）沟通多次，但并没有实质性的进展。森林金融的各大竞争对手也与金管局沟通过，但金管局并没有表现出敲定某一家公司的意向。所以，从当地政府的角度来看，森林金融并不是一家以积极形象出现的企业。这在无形中给森林金融商务拓展团队的谈判增加了难度。

这一次，森林金融的副总裁老尚受到金管局邀请，亲自带队，诚意满满，也彰显了此次谈判的重要性——要么成功，要么就彻底放弃华东市场。

前来接洽的负责人是金管局的局长，他是复旦大学金融专业出身，有丰富的专业知识，这对擅长企业管理而并非金融的老尚来说又是一大挑战。老尚做了详细的前期调查，了解了双方的共同需求，组织了一个多功能团队，安排负责技术、算法、规划服务的同事一同参战。

对这次潜在的合作，森林金融希望能得到政府部门的背书，尤其是得到金融监管部门的支持。对方也看中了森林金融在业务能力上的底气——握有海量的数据，也有数据安全、金融安全风险控制的能力。对方也在考量其能否把这些能力输出给金融监管部门，用技术赋能监管工作。

层层把控下来，老尚本次谈判的目的也逐渐清晰——说服有专业背景的领导与森林金融合作，签订战略合作协议。

老尚的团队来到位于华东地区的临安古城，由专车送往金管局。黑色的大理石墙透着庄重和肃穆。见到局长，老尚发现，局长在性格和行为上的诸多细节与老尚团队的前期调研结果不谋而合——局长是金融专业出身，对待金融监管工作严谨而认真，性格直率，喜欢被尊重、被认可，还没聊几句，直接就给老尚团队"贴上标签"，抛出了一个重磅挑战：

"你们森林金融在业界很出名，所以我也担心你们是不是在某些方面过于强大，甚至会越位，让国家金融安全失控呢？"

还没等团队成员开口，局长又抛出了另一个疑问："你们的方案真的能经得起实践的挑战，在双十一购物狂欢节扛住交易压力吗？"

局长的两个问题都很尖锐，好在老尚团队在前期阶段已经有了充分的准备，他们了解局长的性格特点和个人喜好，因此，看似突然的两个问题其实都在老尚的意料之中。

对于谈判销售，备战和论战都很重要。在谈判前，有时需要闭门造车，做好角色扮演和财务演算，提前准备出多套谈判方案。

而谈判销售的过程是一个开放性的探索过程，因此提问也是一项很重要的能力。老尚听到这两个问题，直接以攻为守，询问局长想解决的金融监管问题，以及当前金融监管工作中遇到的挑战和难点有哪些。

听到老尚的问题，局长立刻打开了话匣子。原来，目前对他们来说，实现穿透式的监管是很难的，因为很多时候信息是离散的，不在数据平台上，不能通过大数据来检测，用户有多个账号，如果他们在其他平台有信用风险，不可能立刻被识别出来。但这些痛点正是实际的监管需求所在。

得知局长的诉求，老尚更有底气了。他放下身段，毕恭毕敬地表现出一种合作与配合的低姿态，把森林金融业务运作的整个流程，包括如何服务于监管、如何共同完成目标等方面的细节，一五一十地介绍给局长，让对方切实感受到森林金融的初衷就是为金融稳定和金融监管工作服务。最后，老尚强调了森林金融的初心，让局长感同身受地认识到森林金融是可以被信赖的，彻底打消了局长心里的顾虑。

我由衷地佩服老尚的机智和果敢，他用了两个谈判技巧：尊重对方作为监管人员的角色，以及换位思考。首先，对方的角色和权威需要得到尊重，而老尚怀抱的是一种合作、配合的姿态。其次，对方关心的是，使用服务后，自己的工作能否顺利完成，会不会成为先进和典型，简单来说，就是能不能同时成就自己。

而且，老尚还就局长对金融领域知识的深刻见解，多次肯定了其专业性，充分满足了对方作为技术性领导在专业素养上被认同的需求，这也对谈判的结果产生了直接的积极影响。

这场谈判沟通就像剥洋葱一样，问题被层层剥开，逐一得到解决。先理解需求，确认对方所展示的方案是不是已经表现出足够清晰的意向；继而搜集对方的异议，看看双方能不能做出让步和妥协，毕竟，消除分歧本来就是销售整体计划中的一部分；最后一步，就是要打消对方的质疑，让对方知道你真的有这个实力。于是，老尚的团队拿出早已准备好的相关案例，向局长展示了森林金融和其他城市合作的成果，并说明临安是一个很重要的示范性城市，表明了森林金融对这个项目的高度重视。

事以微巧成。所有工作做到位后，局长的态度也发生了180度的转变，原本还带着疑虑的表情，瞬间转了晴。他说："我一直不和其他几家公司合作，就是为了等你们，现在总算等来了。我觉得我的选择是对的。"

出人意料的是，局长还主动提出了一个超出老尚预期的合作方案：服务范围可以突破临安一地，覆盖整个华东地区的金融管理工作，用科技赋能的方法来推进合作。局长表示他还会约一下市委书记、市长，让这些领导为双方的合作站台。看来局长有自己的影响力，可以联合几个志同道合的领导，共同对项目予以支持。听到这里，老尚大喜过望，这已远远超出他的谈判预期，也为这次合作壮大了声势。

老尚的商场哲学

"我们团队的成员对我也非常敬佩，他们都说没想到会这么成功，一开始还觉得挺难谈成的，因为对方最初明显带着怀疑的态度。"老尚对我说。

而我的感受是，老尚与临安金融管理局局长的这场谈判，就像一次置之死地而后生的军事行动。老尚身处对方的主场，对方职务高、专业性强，还存在时间压力。

但任何一场谈判其实都是人与人的沟通，也是人性的互动。在国家需要大数据去评估、分析金融风险的时代，森林金融的技术和市场经验是其核心价值。完成这样一个大项目就像建一栋房子，森林金融的核心价值是地基；金融大数据产品和服务是房子的框架；最后，合格的项目经理、专业的项目交付团队，相当于这栋房子的一砖一瓦。

这次谈判确实是一场漂亮的翻身仗，也再次印证了老尚的商场哲学：在谈判中得胜的关键，在于理解对方的心理需求和动机及目标。如果能把自己的目标和对方的目标结合在一起，那便不叫谈判，而叫合作了。谈判永远从销售开始，销售永远从探寻双方的需求开始，销售要做的就是完成"交换"，这是以满足双方的需求为前提的。

老尚告诉我,经验不足的销售人员容易把谈判看成敌我之间的生死对决,一上来便不管三七二十一,向对方开炮。而有经验的销售人员则会谈谈打打,打打谈谈。你把对方看成我方的支持者、长期的合作伙伴,那么,对方的态度和谈判思路也会发生变化。这样,谈判就从僵局和绝地,慢慢走向了可以商讨甚至双赢的境地。

◆ 快问快答
谈判中的"忽视"策略

在谈判中,客户或者采购方有时候会顾左右而言他,提出一些新的、在原有谈判框架以外的商务要求,或者要求和你方的公司总部直接对话。这种情形下又该怎么办呢?

我的经验是,可以使用"忽视"策略。

在加拿大拉塞尔·威廉斯(Russell Williams)案的审讯实录视频中,有这样一个细节:

嫌疑人拉塞尔的对手是安大略省的高级警长吉姆·史密斯(Jim Smyth)。一进审讯室,拉塞尔就表明了自己的身份,说自己是皇家空军基地的司令,而且声称"我要求最高机密的保密级别"。而吉姆采用了"忽略"策略。吉姆在审讯室对拉塞尔直呼其名，拒绝称其为司令先生。听到拉塞尔的要求后，吉姆仅仅简单回复了一句"噢，是吗"，还做了一个摊手的动作。

这种忽视策略从心理上打击了嫌疑人，才有利于展开后续的刑事审讯。

不过，在销售实战中，要注意谈判对象的级别，以及谈判力量的具体态势，谨慎地使用忽视策略。

举个例子，当客户的最高决策层提出了重要的需求变更，或者要求赠送服务时，你却不合时宜地使用忽视策略，就有冒犯客户大老板的风险，后果可能会很严重。

再比如，公园里，孩子一直对妈妈说："我要吃糖，我要吃糖。"作为妈妈，你会采取忽视策略吗？

理性的妈妈会具体情况具体对待。如果孩子很长时间都没有吃过糖了，那买一颗巧克力也未尝不可；如果孩子已经有蛀牙，那就不能吃糖了，妈妈还可以借此跟孩子说清楚，吃完糖要好好刷牙，否则就会有蛀牙，以后都不能吃糖了。

第 12 章

蛋糕除了切
还可以做大

我在POZ的老板马克，曾经有一次，在喝了四五杯白兰地后给我上了一堂课。

经典谈判理论中，人们常常有一种认知偏差，迷信"蛋糕的大小是固定的"，即存在虚构固定份额的假设（Mythical Fixed Pie Assumption）。也就是说，许多谈判者认为：一切谈判中的"蛋糕"的大小都是固定的，他们认为谈判机会是零和博弈，就是一场输赢游戏；而马克告诉我，蛋糕可以选择切，也可以选择把蛋糕做大。我花了很长时间，才慢慢领悟他的这句话，我的世界在那一刻豁然开朗。

与百达翡丽（Patek Philippe）公司的谈判

作为腕表爱好者，在工作之余，只要有时间，我便会一头扎进腕表论坛,欣赏腕表机芯的美图,或者对着那些在巴塞尔钟表展上得奖的名表和限量款名表"流口水"。

在腕表论坛上,我留意到一位很有意思的腕表发烧友,他经常发帖,并且质量颇高。我们在论坛里交流、互动,慢慢就熟络了。他告诉我他是泰国人,住在曼谷。后来我因为工作机会去曼谷,闲下来时就约了他见面。就这样,我真正地结识了这位泰国的企业家之子——约翰逊(Johnson)。

在曼谷的一家雪茄吧里,我向约翰逊聊起了自己的一段经历。

在腕表发烧友的心目中,百达翡丽无疑是腕表三大品牌之首。能够拥有一块百达翡丽腕表是不少腕表发烧友的梦想。我有一块百达翡丽5146G,是从香港购买的行货。入手之前,我曾在瑞士、新加坡和巴黎寻找过这一款手表。但是,那几年,百达翡丽代理店的态度很倨傲,不接受预定,所以这款表可遇不可求,柜台有现货的时候才有机会买到。巧的是,我在香港的代理店中碰到了。

拿到表后,我满心欢喜,其他几块腕表都被我束之高阁,每天只戴这一块。

可是,不到半年,这块手表就出现了问题。

有一次,我给表上弦的时候,突然发现一个按钮按下去,有种涩涩的钝感,再用调表器按它,本来会动的转盘居然不动了。我心头一紧,立刻联系香港的代理店,他们客气地回复说,我需要把表和出厂证明一起送到店里。检查之后,我被告知,我心爱的这块腕表要被送回瑞士维修。

这一等就是 4 个月。

更糟糕的是，这 4 个月的漫长等待并没有彻底解决问题。

腕表回到我手里没多久，同样的故障再次出现，代理店的店员说他们也是第一次碰到这种情况，所以也无能为力，只能让我把表送到香港的维修中心。

这一次，我没有急着去修表，而是先给百达翡丽的售后服务部门写了一封邮件，并用了一点谈判技巧给对方施压，很快便得到了回复。

在邮件中，我提供了这块表的出厂证明和维修单的复印件，并给出了两个方案：

第一个方案，我要求退货退款，这块价值不菲的腕表在短期内出现了两次故障，并且，长达 4 个月的返厂维修仍然没有解决根本问题，因此我对这块腕表的质量产生了怀疑；第二个方案，我同意再次返厂维修，但是我要求原厂给予故障诊断的详细说明。

瑞士的售后服务部门礼貌地回复说，第一个方案是行不通的，他们是工厂，退货需要和代理谈。最终，他们同意了第二个方案，并且提出了补偿办法：修好之后，他们可以免费帮我把白金表壳打磨一新（这种打磨服务的市场报价为 1.2 万港元）。

这样一来，我的预期其实已经达到了，我也就顺水推舟地同意了。

我的这块表被再次寄回瑞士，过了不到两个月，售后服务部门就委托香港维修中心打电话联系我,他们声称原来的机芯有瑕疵,因此为我更换了全新的机芯。当我收到再次修好的腕表时,表壳和表芯都焕然一新,和一块新表无异。更令我惊喜的是,瑞士售后服务中心更新了腕表的出厂证明,把全球联保时间由两年变更为五年,并额外赠送了三年的原厂延保。

约翰逊听完我的讲述频频点头,他说,大品牌就是这样,不计成本也一定要把服务做好,让每一个客户百分百满意。然后,他好奇地问我:"既然你的根本目的还是要修表,为什么还要提第一个方案呢?"

我笑着说:"那只是一个为了给他们施压的'陪跑'方案而已,我只是希望能通过这种方式引起瑞士售后部门的重视,因为不管是什么奢侈品牌,如果客户要求退货,他们都会走特殊流程,目的就是解决问题,挽留客户。"

谈判无处不在

这一次相聚,我们相谈甚欢,约翰逊还聊起了他的家族往事,没想到他和他的父亲也有着一次特别的谈判经历。

他的父亲祖籍潮州,在泰国打出了一片天下,如今已是当地一位知名的企业家。约翰逊还有一个哥哥,比他年长5岁,一直在父亲身边帮忙打理家族生意。约翰逊从小在英国长大,长期受到西方文化的影响,有自己独立的思想和主张。父亲则希望这个小儿子也能进入家族企业担任高管,但是约翰逊有自己的爱好和志向——他想做高级西装定制。

在英国念书的时候,约翰逊曾游历意大利、法国和瑞士。受欧洲文化的影响,他爱上了腕表收藏,也爱上了高级西装定制。西装定制对他有着深深的吸引力,他还专门去考察过意大利佛罗伦萨与英国两地的西装,在风格和工艺上有何不同之处。对他来说,加入家族企业,在几千人的工厂里上班,实在没什么意思。

从他的父亲——一名企业家的角度来看,器重的小儿子能为家族事业贡献一份力量,是更符合自己预期的。大儿子老成稳重,但是缺乏国际视野,做生意偏保守;小儿子虽然资历尚浅,但见多识广,思想比较开放,能为企业带来更多新的思路。两兄弟一起接手家族企业,取长补短,互相配合,才是他所期望的。

对于父亲的期待,约翰逊还是坚持了自己的想法,他想独自去外面的世界闯一闯,体验自己的人生,追求自己的梦想。于是,毕业后,他留在欧洲,经营着一家自己的高级西装定制店,加上他与父亲从小就接触不多,父子关系也就渐渐疏远了。

有一天,他突然接到了父亲发来的短信:"母亲病重,速回。"

心急如焚的约翰逊立刻把自己在英国的创业项目——佛罗伦萨风格的西装店交给其他合伙人打理,乘最早一班飞机,火速飞回了泰国。

然而，让他没有想到的是，母亲身体并无大碍，父亲只是想用这个借口让他回来。

他是个孝子，离家多年，对父母一直疏于陪伴，为了和家人共处，他在泰国待了一段时间。在这段时间里，他在曼谷的某个高端商场，以伦敦西装店分店的名义，又开了一家高级定制西装店。店里陈设着皮质沙发、实木桌椅，以意大利国旗上的绿、白、红作为主色，三面宽大的试衣镜华丽优雅，还装饰着威士忌和古董缝纫机，营造出了佛罗伦萨的风情。

约翰逊的父亲是这家西装店的第一大股东，父子之间的多次谈心让他的父亲更加了解了这个行业，也了解了约翰逊不愿意插手家族企业的原因。

约翰逊给我的第一印象可以用"儒雅"来形容，但实际上，他是个脾气很倔的人，喜欢一条路走到黑。他多次对父亲表示，家里的事业他不懂，也帮不上忙，所以一点都不想插手。后来，父亲停止了对西装店的财务支持，想给他施压，他还是没有向父亲妥协，本来就疏远的父子关系一下子跌到了冰点。

这时候，他的父亲出了一记"狠招"。

这一天，他突然收到了律师的电话："我有很重要的事情要跟你谈谈，你的父亲刚刚更改了遗嘱，要取消你的继承权！"

听到这个消息，他吓出一身冷汗，以为父亲看自己对家业没有丝毫的兴趣，这次真的发脾气了，不愿意再认自己这个儿子。理智告诉他，他需要冷静下来好好想一想。

约翰逊试着站在父亲的角度想问题。父亲身为一家之主，担心家业后继无人，压力很大，需要得到孩子的理解。作为儿子，他虽然不能做到对父亲言听计从，但也应该体谅父亲的心情，适当让步。于是，他找到父亲，对自己之前的一意孤行表达了歉意，并送了父亲一套量身定制的西装，表达了自己的妥协之意，避免父子关系进一步僵化。

他诚挚的态度终于换来了父子关系的缓和。后来，他又找律师看了文件，发现"更改的遗嘱"上根本没有父亲的签名，也就是说，文件并不具备法律效应。

这一刻，约翰逊才明白过来，自己被父亲"套路"了。

尽管如此，他还是认真考虑了父亲的意见，想出了两全之法，并主动找父亲"谈判"。他对父亲说："我可以回到家族企业中工作，协助哥哥拓展海外业务，但我希望每周能有两天自由时间——我想继续做自己喜欢的事情。"

父亲欣然同意了这个条件，并恢复了对西装店的投资。其实，对于他的梦想，父亲是打心眼里支持的，只是从一开始就希望小儿子能更有担当，兼顾个人梦想和家族责任。

告别约翰逊之后，在回香港的飞机上，我一直在琢磨这场家族风波中有趣的地方。

尊重与信任

人生有很多岔路口，在这些时刻，你的每一个选择都至关重要。或许，你在做出某个选择时，看起来风平浪静，没有发生针锋相对、唇枪舌剑的谈判,但其实不然——大大小小的谈判存在于各种各样的选择中,你觉得它们不存在,可能因为它们是隐形的。

在约翰逊和父亲的这场谈判中,约翰逊需要理解父亲的立场,父亲也需要尊重约翰逊的梦想,并信任他的决定。

尊重更像是一种西方社会中的社交共识。在人际交往中,人们很在意自己是不是被尊重了,如果没有得到足够的尊重,就会发生冲突。

而信任的产生更符合中国传统的思考方式,它不是短期就可以获得的,也不是理所应当就存在的。双方需要多年的相处,才能产生信任。

对于约翰逊的父亲而言,家族事业不是一块可以随意切分的蛋糕,他更希望两兄弟能够珠联璧合、齐心协力,共同守好家业。而约翰逊希望父亲能尊重自己的选择,便勇敢地提出要求,希望能用一定的时间兼顾自己热爱的事业。

这场家族内部的谈判,其结果已超越了简单的"输赢"。"家庭责任"和"个人追求"如果能达到平衡,也许才是最好的结局。

◆ 快问快答

谈判中,如何面对时间压力?

进行最终的谈判时,先要与谈判对象明确谈判的时长，避免马拉松式的、没有结果的拉锯战，这样也能防止在时间所剩无几时出现控制不好谈判节奏的情况。比如，我会在谈判前问对方："X总，今天我们的会议用一个小时够不够？"

在适当的时候，也可以找一些理由或借口，给对方施加时间压力。比如，开会时，在客户的主场，我会对其负责人说："这一次我的老板也来了，会在贵地待到周五，如果我们能在周五之前完成谈判，相信我们可以给你一个更好的方案。"

每年的年末也是不可多得的施压时机。比如，可以对客户说："X总，现在是2022年12月份，我们正在制订我公司2023年的预算方案，包括分配产品研发和售后服务资源。如果我们现在能完成合同的签订，我们就会调度资源，优先保证这个项目的交付。"

对于一般的会谈，我会遵循"5:5"的比例，平均分配倾听和询问的时间。无论是什么样的文化背景，"言多必失"都是一个不变的规律。优秀的销售人员应当是出色的倾听者，他们要善于理解客户的需求，在客户讲到关键的决策信息时，要能适当提问，并且都要以"客户"(如"您"或"你们")为主语，而不是"我"或"我们"。面对公司的决策层和大老板，要经常训练自己做5分钟"电梯演讲"。这需要日积月累的练习，演讲的具体脚本可以根据公司的战略需求进行调整，要做到在关键时刻也能信手拈来。

最后，面对杀价，我会倾向于进行若干次小幅度降价，而不是单次大幅度降价。多次降价可以表明你的诚意，还可以把降价的行为当成谈判的砝码。

比如，你可以说："你看，今天我们已经降了两次价了，足以证明我方的诚意，希望您也能展现诚意。"说完之后可以适当停顿，观察对方主要负责人的动作和微表情。（这就需要深入学习谈判心理学，具体可以参考九步审讯法 。）

当然，根据"二八法则"，有一些项目，不论我方团队如何努力，都是不会成功的。作为销售人员，还要有自信和健康的心态——面临时间压力或客户压力，不要怕丢单。

第 13 章

打破
价格僵局

多次往返泰国

加入POZ公司之后,我连续签下几个新客户的大单,4G网络的市场拓展比原计划更顺利。因此,我负责的业务范围从大中华区扩大到了亚太区的运营商市场。

在泰国,有两家主要的移动运营商:AIS和True Move。我和杰夫一起配合,与True Move进行了两轮初步洽谈,确定了OSS电信网管项目的范围、技术方案、软件配置和服务计划。

但是,我们的商务谈判进行得不太顺利。泰国客户提到,泰国有一家C公司,也给他们提供了软件方案。因为是定制开发,所以C公司的方案很全面,而且据说价格只有我们的1/5。于是,我作为POZ公司的谈判代表再次飞往曼谷,前去拜访True Move。

出了曼谷的鹏蓬（Phrom Phong）轻轨站，就到了湄南河附近。从地铁站一眼望去，天际线上高大的现代建筑群错落有致，在蓝天白云的衬托下，呈现出几何状的剪影。远处的湄南河蜿蜒着穿过城市，河面上各色船只来来往往，不时响起悠长的汽笛声。

利用空闲时间，我见了一位老朋友——和我同样供职于POZ公司的奥利弗（Oliver）。

我走进咖啡厅，奥利弗笑着迎上来和我握手，他的一双大手粗糙而有力。

这个家伙的经历很特别：他是美国人，老家在美国田纳西州（State of Tennessee）的孟菲斯（Memphis），后来他到了法国，还娶了个漂亮的法国太太。他在POZ做销售工作，负责过法国电信等大客户，也参与过开发中国市场。我加入POZ公司时，正是与他对接，从而得到了我在POZ公司的首批客户资源。

后来，正当我们在亚太区的4G网络业务突飞猛进时，奥利弗却提出辞职。他说自己在公司干了5年，不管是身体上还是精神上，都需要休息一段时间。

POZ对老员工格外珍视，特别是有能力的销售人才。因此，经过商议，他得到了6个月的无薪假期。6个月之后，他还要回到法国，继续负责相关业务。

于是，奥利弗放下工作，带着太太飞到了亚洲，全身心地放松下来。他们在印尼、泰国的几个小岛上流连了几周，享受阳光和沙滩，又在曼谷租了房子小住下来，融入了当地人的生活。

我抬头细细打量奥利弗，和上次见面时相比，他黑了，也瘦了，但双目仍然炯炯有神，说话时总是发出爽朗的笑声，完全没有在巴黎办公室工作时一度出现的那种颓废状态。

我问奥利弗："世界上有这么多城市，你为什么最后选择在曼谷休假呢？"

他神采奕奕地告诉我，第一是为了学习泰拳；第二是想借助泰式按摩治疗他的慢性肩颈疾病；第三是泰国的生活成本比较低，在泰国生活的开销大概相当于在巴黎的1/3。

随后，奥利弗和我聊到泰国电信的项目，我抱怨起来：客户坚持要杀价，我明天还要去开会，竞争对手的报价只有我们的1/5。

奥利弗从不会给我直接的建议，他半开玩笑地说："客户愿意见面开会，就说明你还有机会。Bonne chance（祝你好运）！"

长期主义策略

泰国的电信行业一直在"追赶时尚"，总是会积极地拥抱新技术，从2015年上线4G网络到2020年迎接5G网络，几乎每次技术更迭时，泰国都是首批追求尖端科技的国家之一。2021年，泰国建立了300个5G基站，市场容量不容小觑。

在3G时代，True Move已经与AIS比肩，成为泰国最大的移动运营商之一；2014年，在4G刚刚问世时，True Move就计划要做4G的首批冲浪者，积极寻求多厂商合作。

通常来说，私营电信运营商的大股东并非全都来自本国，大公司的决策与它的高层管理人员和组织架构密不可分，这种特殊的企业基因，让它的最终决策有了一层独特的意味。比如缅甸的MPT，股东包含日本KDDI。而True Move的前身与法国法电集团有着一段渊源：2004年，法电集团把部分股份出售给Telecom Asia，2006年，Telecom Asia历经重塑，成为True Move。

正因为True Move的股东有法电集团，所以在技术规范和协议上，泰国电信管理者既要兼顾当地国情，又要遵从行业规范。其中，移动通信领域很重要的一套行业规范是MEF，这是个集结网络、云、技术提供商的行业联盟，其创立的初衷是帮助企业实现数字化转型，许多规则逐渐变成行业标准。这个联盟大约有200个成员，许多成员已获得MEF标准化服务或技术的MEF 3.0认证。POZ也是这个联盟的成员之一。

在法国，法电集团是POZ的客户，我们自然也成为True Move OSS网管平台项目的主要谈判对象。

True Move一方主要负责这次谈判工作的是网络运营部的副总裁班汉（Banharn），在前一次的会面中，我还留意到网络总监叫察里（Chatree）。这次负责接待我的是网络工程师玛丽（Malee），她是一位很爱笑的泰国姑娘，只有20多岁。这一天，她早早就等候在前台，并将我引入True Move的总部大楼。

这家泰国通信公司的总部看起来与众不同，并没有像其他品牌那样用鲜明的品牌颜色彰显自己的企业文化。步入一楼的大厅，一种圣洁纯净的感觉扑面而来：脚下是雪白发亮的瓷砖，墙上挂着一幅巨大的泰王照片，周围精心布置着白色系花篮，闪烁着流光的白色珠帘轻轻垂下，偶尔会有人在此短暂驻足，面对泰王的照片双手合十。

我走进了泰国通信公司的会议室，在这里见到了班汉。这次谈判，最主要的障碍就是我们的竞争对手——泰国本地的C公司。

班汉的英文非常流利，但并不善言谈。大多数时候，他都沉默不语，我们很难从他的脸上读出他的内心所想。

我望向他，问道："True Move已经在泰国业界很出名了，接下来在发展电信服务方面，贵公司有没有具体的目标呢？"

班汉毫不犹豫地点了点头道："发展4G网络自然是我们的首要目标，但我们也希望向农村拓展，让泰国的农民享受到先进的高速数据网络，让他们也能看看外面的世界。"

"也就是说，贵公司要投资购买更多的频宽，增加4G服务基站的数量了？"我试探性地问。

"是的，同时我们也希望能将服务价格下调到一个更低的区间，因为通过我们的调研，仍有大量的人不愿意支付每月的通信服务费用。"

说完，他端起手中的冰拿铁喝了一口。

泰国通信公司这一发展4G的策略其实在我的意料之中。泰国的人均收入和GDP都低于中国，True Move相对泰国其他品牌的一大竞争优势就是收费低。我的直觉是，面对同样的OSS

解决方案，True Move 会压低我们的报价。

谈判期间，我注意到一个小细节：班汉再次提到 C 公司。我私下做了些功课得知，在与我们谈判前，True Move 已经使用 C 公司的方案长达 3 年之久，但 C 公司的管理和规范都十分本土化，没有遵从国际行业标准，服务就像叫花子的"百家衣"——发现故障了再打补丁。

谈判期间，True Move 一方面表示，期待 POZ 提供的新方案可以覆盖 C 公司之前所有的功能点；另一方面，也希望我们保持和 C 公司一致的价格水平。

这着实让我倒吸一口凉气，不管从哪个角度，对 POZ 来讲，这些条件都是很不利的。

在来曼谷会谈之前，我和公司总部的高层分析并沟通过 C 公司的竞争问题。副总裁和产品总监都认为我们不必理会这家小公司的方案，因为其技术领先性和服务交付能力与 POZ 都不是一个层级的，所以不用和他们做横向比较。马克的原话是：如果你和对方比较，就上了泰国人的圈套。

两轮实地谈判下来，我站在我方的角度重新梳理公司的价值。我尽力向他们传达了一个信息——True Move 不能继续用"百家衣"之流的技术方案建立下一代 4G 通信网络，一定要尝试一次彻底的变革，这也就是中国人常说的"不破不立"。

然而，我发现很难用法国人的思路说服泰国的客户。两轮谈判都不是很顺利。那一段时间，我频繁地前往泰国，几乎每个月都和团队去一次。

差不多每次拜访，我都会给客户带小礼物，比如带有我们公司标志的笔记本，客户都很喜欢。有一次，下了飞机后，我从机场免税店买了一瓶洋酒，本想送给网络总监察里，可他当天不在，我就顺手给了玛丽。玛丽收到酒之后很开心，举起来左看右看，说了句："哈哈，没关系，虽然我不喝酒，但可以给我爸爸喝。"

所以，尽管我们双方在谈判时总有些僵持不下，但我总觉得对方的态度有松动的可能性。

尽管平时相处中对方态度随和，但谈判现场的氛围却丝毫容不得怠慢。面对班汉提出的让人为难的条件，我恳切地开了口："您好，True Move 过去的几年里一直在用 C 公司的方案，你们如此选择一定有自己的考虑，我很理解你们的顾虑，如果全盘替换掉旧方案，确实需要一定的成本。"前两次的商务谈判我们都卡在了成本上，这次，我选择开门见山，直面问题。

我随即展示了我们公司 OSS 网管方案中关于投资回报率（ROI）的概算，并把 C 公司的成本和回报也写了上去，以作参照和对比。

POZ 的方案成本高于 C 公司，但是回报率也更高，显然更符合客户发展 4G 的长期策略。

谈判僵局就这样被打破了。经过对商务条款的议价，我们顺应了客户的要求，将价格下调了 10% 左右，终于替换了 C 公司三年以来的旧方案。我们顺利签订了第一期的合同,并且在次年续签了第二期的扩容合同。

现在回想起来,这场谈判给我的启示是,当在谈判中遇到价格瓶颈时,不能把问题复杂化,针对每一个客户,一定要充分了解对方商务条款中的痛点,并进行正面回应。每一个国家、每一家运营商的现状各不相同,针对价格瓶颈的矛盾点,因地制宜,对症下药,才能解决问题。

商务条款上的矛盾解决之后,合作双方往往会进入蜜月期。如果你在前期靠降价获得了项目准入,在蜜月期就一定要抓紧时间进行交叉销售或升级销售,尽量把前期降价导致的损失弥补回来。

◆ **快问快答**

为何要找到与竞争对手的差异性(Differentiation)

销售和谈判都离不开对产品和方案的介绍。

知己知彼,百战不殆。只有深入理解我方和对手的产品与服务,才能更好地展开销售。为了避免和竞争对手单纯杀价格,卷入价格战,销售员需要向客户清楚地解释我方产品和对手产品的差异。

销售工作就像习武练功,持续不断的练习固然重要,但更重要的是掌握最适合自己的兵器,同时要认清对方的招式和武功。

电影《卧虎藏龙》中有一段剧情是这样的：在打斗中，玉娇龙始终用她的青冥宝剑，俞秀莲则换了六次兵器——双刀、长枪、双钩、月牙铲铜鞭、长剑。在现代商战中，产品的功能和卖点可以视作兵器，都不是撒手锏级别的，但可以劈、砸、刺、勾……总之，每一种都有自己的优势。俞秀莲的长枪可以增加攻击范围，双钩可以破坏对手的兵器；玉蛟龙则把自己的青冥宝剑练得炉火纯青，武力以一当十。

我们再以奢侈品牌为例。购买高档腕表的时候，劳力士和卡地亚都是顾客首选的一线品牌，但细看两家品牌，又有显著的区别。劳力士的卖点在于"运动"，能防水、防碰撞和跌落，其核心价值是耐用。卡地亚和劳力士竞争时就要避开运动元素，所以就将卖点定为珠宝表，表盘的设计大多精美高雅，雕着细密繁复的蔷薇花纹。两者选择了不同的目标市场，以此和竞争对手加以区分。

第 14 章

"借船出海"

第 14 章 "借船出海"

马可·波罗（Marco Polo）这位超级旅行家，跟随他的父亲和叔叔，在广袤的亚欧大陆上一路向东，前往神秘的中国。回国后，将一路的所见所闻进行口述，着人整理记录，才让后人有了更广阔的视角来了解世界。这些文字也得以穿越时空，让我们从中窥见早已被风沙掩埋的故事。

他在记录中写道："你不亲眼看到，简直无法置信。"

我热衷于旅游，所以很庆幸自己能在外企负责销售工作，这让我有了机会接触到海外市场的业务，了解到不同地域的风情。不知不觉中，我的足迹已经遍布东南亚和欧洲。每次因工作出国，我都习惯多请两三天年假，探索新的城市，结交新的朋友，也会找老朋友叙叙旧。

在海外工作的时候，我相信马可·波罗的话：只有亲眼见到并沉浸于当地的文化和环境中，你才能更深刻地理解海外客户的业务发展历程；只有亲自接触当地人，和他们交朋友，才能在和海外客户进行商务谈判时适应对方的文化礼仪，自如地待人接物，从而无往不胜。

移动连接万物

2016年春节期间，我所在的POZ公司参加了在巴塞罗那举办的MWC。与会期间，我们和中兴通讯的海外行销总裁及欧洲团队展开了会谈。会谈后的晚宴在巴塞罗那一家颇具特色的海鲜餐厅举行，席间，在座的宾客沉醉于美食和美酒，并约好了要拜访荷兰皇家电信（KPN）的CIO。

那一届MWC的主题依旧是"4G和移动互联网"。这是一场盛宴，与会方包括电信设备商、运营商和手机制造商等，当然也少不了POZ这样的电信软件企业。会议期间，各方毫不吝啬地分享了自己对于4G以及未来通信技术发展方向的独到见解。

"移动连接万物（Mobile is Connecting Everything）"——这是华为的轮值CEO郭平先生的演讲主题。他认为5G是未来的电信网络技术趋势。对此，我印象十分深刻。

中兴通讯的展台上有新款手机ZTE Blade V7的大幅广告。那一年，中兴通讯在5G网络市场开始进行战略布局，凭借Pre5G Massive MIMO荣获全球移动大奖"最佳移动技术突破奖"（Best Mobile Technology Breakthrough）及CTO选择奖

(Outstanding overall Mobile Technology-The CTO's Choice)。

其他传统行业也有各自的突破。比如福特汽车，其时任 CEO 马克·菲尔兹（Mark Fields）介绍了智能车机系统 Sync3，汽车与手机设备的互联互通成为新一代汽车的标配。

在我的记忆中，那届展会洋溢着欣欣向荣的气息，全球 4G 产业的推广已经取得了胜利，设备商开始造势。能够让人感觉到，巨大的技术储备和技术研发资源已经转向了 5G 网络。在 4G 网络的国际市场中，中国企业也取得了阶段性的成果，迎来了一个小高潮。

但是，盛宴终有结束的一天。本质上来说，盛宴持续的时间越久，结束的时机就越突然。

华为总裁任正非先生曾对此发表讲话，他说："我们公司前段时间挺骄傲的，大家以为我们是处在行业领先位置。但是做了战略沙盘（推演）后才发现，在全世界市场的重大战略机会点，我们的占比不到 10%，弟兄们的优越感就没有了，知道如何努力了。这不是危机意识，这就是假设，假设未来的方向。我们是假设个危机来对比华为，而不是制造一种恐慌和危机。"

华为用了 20 年，不惜重金引进先进的管理方式，在管理上取得了巨大的进步，而且确实创造了较高的企业效率，但任先生依然认为，华为还是没有领略到西方工业革命的真谛。

任先生出过一本书，名为《任正非：华为向蓝血十杰学什么》，在书中阐述了自己选人、用人的哲学，以及现代企业打造核心团队的奥义，我非常喜欢这本书。还有一本书我也非常推荐,是我的好朋友周良军所著的《华为数字化转型》,这本书有理论、有实践,并且提出了"战略力、数字领导力、变革力"的转型三力。这两本书对国企和民企正在进行的IT变革有直接性的借鉴意义。

遇见荷兰

这场大会结束之后,我和公司的团队启程飞往荷兰的阿姆斯特丹。

我一直对荷兰和泰国等君主立宪制国家有一种莫名的好奇,这些年在商场征战时,我很喜欢和这些国家的商人做生意。我最直接的感受就是:他们很真诚,很讲信用。

我的老板、POZ公司销售副总裁马克,在出差之前给了我两个任务:第一,巩固与中兴通讯的合作关系,建立与荷兰皇家电信高层的长期合作关系;第二,发展创新的业务、创新的项目。

出了机场我便开始排队,打算乘出租车去位于阿姆斯特丹新城区的喜来登酒店。

前几年我曾在巴黎、巴塞罗那和日内瓦出差,这些地方的机场旁整齐地停放着日产出租车,让人印象深刻。当时,曾经在欧洲风靡一时的老款梅赛德斯-奔驰出租车已经不再流行。

这次到了阿姆斯特丹的机场,一个小细节让我有了强烈的冲击感:机场旁停放了一大排特斯拉出租车。

出了机场，离阿姆斯特丹的市区越来越近了，一款迷你型的蓝白色两座小轿车不断涌入我的视野。这是一种共享电动汽车（Car2Go），车型是奔驰 Smart，租车和还车的地点都很灵活，以便人们在市区使用。

这两个细节让我对荷兰有了很好的印象——这个国家虽然有着颇为厚重的历史，但丝毫没有历史包袱，显然在全力拥抱着新科技。

我住的酒店位于阿姆斯特丹的新城区，在老城区的南部。来到酒店，我开始办理入住。把行李安顿好之后，我趁着冬日的暖阳还有几分余晖，搭乘轻轨到附近的商业区散步。我在整洁宁静的街道上踱着步子，偶尔转到街角的书店里逛逛，十分享受这种不可言说的惬意。日落时分，华灯初上，街道上的餐厅开始热闹起来。

深入了解客户背景

第二天，我离开阿姆斯特丹，搭乘火车前往 60 公里以外的海牙，那是荷兰皇家电信总部的所在地。

我在海牙火车站下了车，拖着行李箱步行了 5 分钟，穿过古老的石板路，慢慢向印德斯酒店（Hotel Des Indes）酒店走去。

途中，我经过了一个湿地公园，这里栖息着很多鸟类。为了保护环境，食肉动物的活动区域被单独开辟出来。路边不远处就能看到湖水，这是鸟类和食草动物的家园。鸳鸯、鸭子和白鹭在湖面上徜徉。一对鸳鸯正在悠然地往前游，它们有着黑色的眼睛，绚烂的橙色羽毛点缀着深紫色的胸部，看上去就像是朋克风格的乐手。

再往前走，就看到了印德斯酒店杏黄色的外墙，远远看去像是一座庄严的城堡。这家酒店于1881年开始经营，是一家著名的古迹酒店。

偌大的酒店里，铺着深红色的地毯。我在酒店一楼的咖啡厅坐下，静静地等待着中兴通讯的客户经理蔡先生。

作为一家法国的软件厂商，POZ在海外进行业务拓展，有直销模式，也有"借船出海"的模式，即发展区域市场乃至全球市场的合作伙伴渠道，以拓展业务。POZ在欧洲有自己的销售和技术团队，荷兰市场由法国总部负责，但我们会与中兴通讯合作，依赖他们的客户资源，中兴通讯做总包商，我们做分包商。在这个案例中，中兴通讯就是那艘"大船"，POZ就是买了"船票"的供应商，所以此举是"借船出海"。

这种模式对POZ的有利之处在于，可以在短时间内发展新客户、大客户；而对中兴通讯而言，则可以借助POZ的国际领先技术优势，快速形成一个"端到端"的完整方案，不再需要耗费大量时间和金钱自行研发。

蔡经理和我在南京见过几次面，这次在异乡见到故人，彼此都觉得分外亲切。

作为海外客户经理，蔡经理常年出差，被公司派驻在荷兰，需要与客户的多个部门一起工作。所以，对于荷兰皇家电信，上至CTO，下至网络工程师、项目经理，蔡经理都有一手的信息。

荷兰皇家电信是荷兰最大的移动及固网运营商，现有1万多名员工，年收入约50亿欧元，2004年在世界500强企业中排名第377位，在全球电信运营商中排名第16位。

荷兰皇家电信是一家传统的电信运营商，提供的业务包括固定网业务、移动业务以及IP数据网络业务，是荷兰固定网和移动业务的主要电信运营商。同时，其移动网络业务也覆盖了欧洲其他国家，比如德国、比利时等。截至2004年三季度末，荷兰皇家电信已经拥有760万固定网电话用户，160万互联网用户和2000多万移动用户，被评为全球最值得投资的十大电信运营商之一。

这一次，我重点了解的是荷兰皇家电信的关键领导——CIO布克·霍温（Bouke Hoving）先生。通过询问蔡经理，我了解了布克·霍温的教育背景，以及在这家公司的工作年限，并了解了荷兰皇家电信IT部门的组织架构和决策机制。我和蔡经理谈论更多的是荷兰皇家电信网络系统的现状。因为我相信，越深入地理解客户的IT和网络发展历程，越便于推测出其未来的IT管控策略。

此时的我还不知道，我接下来的这次礼貌性拜访，居然谈出了一个新的项目需求。

◆ **快问快答**

如何找到与竞争对手的差异性？

公司的产品和服务都要为公司带来利润。

产品差异化的最终目的是掌握定价权，因为同质化的产品无法以高价销售。比如农贸市场里的面条和馒头，想要有更多的客户，只能比谁的价格更低；但如果是百年老字号的生煎包，则可以通过卖品牌、卖口碑（溢价）吸引食客。

对于销售新手来说，想要争取到客户的认可，就要先学习和领悟自家公司产品和服务的特色及卖点，可以通过询问同事、前辈及合作伙伴的方式获得资讯；同时，也需要了解竞争对手的产品及服务信息。在面对客户时，只要能讲清楚自家公司产品和服务的优势，你就容易得到客户的认可。

第15章

机会留给
有准备的人

在拜访荷兰皇家电信的 CIO 布克·霍温先生之前，POZ 与中兴通讯合作的，针对荷兰皇家电信的第一期咨询项目已经完成。根据框架协议，POZ 即将与中兴通讯签署第二期 OSS 实施项目的合同。作为原厂商的代表，我对荷兰皇家电信的 CIO 布克·霍温进行了一次礼节性的拜访。主要目的是巩固我们之间的友好合作关系，建立我们公司的技术及研发团队和荷兰皇家电信的沟通渠道。

通过前一晚向蔡经理咨询，我对霍温先生的背景有了初步的了解。对于荷兰皇家电信，我的脑海中也有了几个关键词：数字化转型、荷兰最大的公司、历史悠久、多厂商、多业务。我打算展开的话题包括网络规划、4G 网络、SD-WAN 等。

在这样的高层拜访之前，我习惯利用从多角度收集的信息，尽量全面地分析客户。以便详细了解客户的企业文化、发展机会和人才战略等。

其中有一个独特的视角,即考察其员工对这家企业的评论。有一个网站,网址是www.glassdoor.com,上面的评论信息通常来自面试者,或者公司的在职、离职员工。评论者可以选择匿名,但是多数人会在评论中附上面试的时间点、在职的时间段,以及自己应聘或担任的职务,等等。因此,这些信息大部分是真实的、第一手的资料,十分值得借鉴。一名就职于荷兰皇家电信阿姆斯特丹研发部门的员工,给公司的评分是4.0。他对公司的优点描述是:公司以人为本,有扁平化的组织架构,薪水尚可;对公司的缺点描述是:略带官僚主义,业务流程的推进有些缓慢。一名数据分析师给荷兰皇家电信打了5.0分。他对公司的优点描述是:这家公司在员工身上投资很大;管理层对于员工的反馈意见保持开放态度;对公司的缺点描述是:在管理策略上,常常有突然的变革。

"聊"出的新商机

周一的清晨,蔡经理和我一起步入荷兰皇家电信的海牙总部。霍温先生的办公室在10层,整层大约有100多名员工,隶属于简化与创新办公室。

霍温先生身材不高,发际线稍显后移,高倍的近视眼镜后面,藏着一双精灵般的聪慧明眸。他的办公室是半开放式的,隔壁就是简化与创新办公室,年轻工程师在这里进进出出。霍温先生的办公室装修风格简洁明快,办公区域的两处装饰引起了我的注意:一处是一幅村上隆的版画作品,五颜六色的太阳花中映衬着几张憨憨的笑脸;还有一处是一尊卡通风格的拳击手雕塑,看不出是艺术品,还是旅游纪念品。

寒暄之后,我做了简单的开场白:"霍温先生,我公司POZ是法国服务保障软件领域的领导者,公司总部在巴黎。中兴通讯是我公司的合作伙伴,很高兴参与了荷兰皇家电信OSS项目。我来自中国香港,负责POZ大中华区的业务,除了负责对接亚洲区运营商的客户以外,还负责对接中国区的电信设备商合作伙伴,包括中兴通讯和华为。"

霍温先生很有礼貌地回复道:"欢迎你来到荷兰皇家电信位于海牙的总部。这座办公楼有些年头了。如果有机会,欢迎你去我们鹿特丹的总部参观,总部大楼具有当代艺术风格,是建筑师伦佐·皮亚诺(Renzo Piano)的作品。我个人久仰POZ公司的大名,我们荷兰皇家电信在法国也有分公司。说起中兴和华为,我们和中国的电信设备商也有着悠久的合作历史。我本人还曾担任过华为公司的IT管理委员会成员。"

初步交谈一番后,我把话题引到了OSS电信网管平台上,并简单介绍了POZ公司近一两年的发展情况,以及4G网络业务在亚洲区运营商中的爆发式增长。

令人感到意外的是,霍温先生提了一个具体的新需求——MOS语音测试。霍温先生解释道:"4G的发展重点是数据通信,但是传统的语音业务也不容忽视。毕竟电话语音业务是针对消费者的服务重点。在欧洲，消费者对通话质量的问题多有投诉。请问POZ公司有没有MOS语音测试的方案？"

这个话题有些特别。

第一，在POZ公司与中兴通讯的框架协议中，并没有这一部分内容。

第二，在我就职于POZ公司的这些年中，我了解到，我们公司曾经有MOS测试的技术，这一技术并不是最新的解决方案，属于已经过时的话音测试技术。简单来说，就是把两部MOS测试手机连接在系统上，一部主叫、一部被叫。用测试软件比对语音呼叫和录音中的回放质量，继而进行打分。

于是，我这样回答霍温先生："MOS测试是根据ITU-T的标准设计的测试方案。而我公司POZ是ITU-T的成员。我们具备这一领域的技术能力。不过，我希望知道，MOS测试，是属于荷兰皇家电信的一个新的项目需求吗？还是归属于中兴通讯OSS项目第二期的一个新需求？"

霍温先生想了想说："这是一个新的项目需求，我们的创新办公室正在研究当中。我们已经考察了IBM的SevOne方案。如果贵公司也有成熟的方案，我们可以继续讨论。"

听完客户的新需求，我决定采取竞争性谈判的策略，即陈述我公司的核心价值，主动说明我方的竞争优势。

于是我望着霍温先生说："请允许我再次介绍POZ公司的核心价值。我公司创建了20年，在电信服务保障市场，是专业的软件厂商，拥有无线和固网网络'端到端'的网络管理能力。

POZ 的多厂商支持是业界做得最好的。我们拥有 200 家电信运营商的客户。在欧洲，英国电信、沃达丰（Vodafone）集团都是我们合作了 20 多年的老客户。我不介意谈论竞争。在这个利基市场上，截至目前，SevOne 方案只有 10 家左右的运营商客户。IBM 收购 SevOne 公司之后，我们赢得了西班牙电信的服务保障订单，他们原本是 SevOne 的客户，却最终选择了我们。其中一个重要原因是我们拥有自主研发团队，位于法国巴黎。并且，在亚洲，最近我们正在与泰国的 True Move 签署两年期的服务保障合同，而 IBM 的 SevOne 方案在泰国已经没有市场份额了。"

霍温先生一边听一边点头，这是一个很好的信号。

这次的高层拜访让我意外收获了一个新的项目机会。回到酒店，我已经想好了如何向马克及公司汇报这一新的商机。同时，我们也需要与中兴通讯负责南京产品线的团队共同探讨这一新项目的合作。

行业积累是成就大单的基础

在职业生涯早期，我曾负责 IT 系统集成业务，这一段时间里，在实践经验上的积累为我进入软件行业打下了深厚的基础。

那个时候，最大的两家系统集成商是 IBM 和惠普。

系统集成（System Integration，简称 SI）是指将软件、硬件与网络技术组合起来，系统集成的各个部分原本是若干独立的系统，能在继承后协同工作，以此优化整体。

在过去的 10 年中，经合作交付完整功能的不同组件系统或子系统的聚集，一直是使用此项技术的行业所关注的重点，被称为系统构建的模块化方法。SI 流程一直处于开发周期的末端，由于要集成的系统或子系统可能跨越软件和硬件工程的不同领域，因此 SI 工程师的知识和技能必须具备一定的广度。

作为一名销售总监，要如何承接系统集成的项目呢？比如，在我的前雇主智能系统承接凤凰航空的机务系统这个项目中，智能系统是总承包商，客户需要的是针对航空机务的内容管理系统，所以销售人员就需要主动在市场上寻找并联系具备内容管理系统的软件厂商，如甲骨文、易安信（EMC）、微软等。

初阶的系统集成销售人员，会基于个人关系或者公司的供应商清单，寻找之前的合作伙伴。经过多次面谈，讨论技术方案，销售人员会向合作伙伴（如甲骨文、易安信、微软等）询价。公司的财务部门介入最终的采购价格讨论，但是销售人员的询价和谈判会对采购价格起到关键作用。一名合格的销售人员，不仅要能负责合作伙伴的投标，而且要能把控采购成本。

高阶的系统集成销售人员，会参考市场调查报告中针对细分市场的厂商排名，寻找合作伙伴。市场调查报告中比较知名的是高德纳咨询公司（Gartner）的魔力象限（Magic Quadrant）。举个例子，你可以查询企业内容服务（Content Services）市场的厂商排名，你会发现，微软是这个市场中的领导者，而 IBM 则是个特定领域者（Niche Players）。

如果有了软件的基础构架，比如，凤凰航空项目选择了微软的 SharePoint，那下一步就要根据具体需求，进行软件定制化开发。我的前雇主智能系统拥有自己的 ITO 开发团队，这样就可以提供相应的开发服务。

市场上有很多 ITO 外包服务商，规模比较大的中国企业有中软国际、软通动力；外资企业有印孚瑟斯、DXC Technology、埃森哲（Accenture）等。

回到荷兰皇家电信的项目上来。对于 MOS 语音测试平台的工具，经过和我公司产品部门的研究，我们选择了 VoIP 测试方案。荷兰皇家电信的总包商是中兴通讯，POZ 会提供相应的软件授权和专业咨询服务，以及维保服务。接下来，再选择一家 POZ 认可的软件开发商做定制化开发就可以了。

方案确定后，针对 MOS 测试的方案，POZ 与中兴通讯一起回复了荷兰皇家电信，接下来就是立项和申请预算了。中标之后，中兴通讯再和 POZ 签署采购合同。

三个月后，这个项目正式启动了。

◆ 快问快答
如何收集竞争对手的情报

大到国与国之间的政治军事对抗、能源竞争，小到消费类产品的零售活动，都离不开一项工作，即收集竞争对手的情报信息。

各个国家都有情报机关和情报部门，它们会通过各种手段收集情报。

针对企业进行情报收集工作，可以通过公开的企业年报、第三方的洞察报告（Insight Report）、竞争对手的官网、媒体新闻等途径，发现各个公司的动态。

还有一个小窍门：你可以通过知网、文档库、知识库等，收集竞争对手几年前的技术及商务文档，包括售前阶段的PPT、提案、报价单等。当然，这些资源也有不足之处。比如，在知网上你可以找到一些文件，但是这些文件可能年份陈旧，参考价值不高。

对于已经收集到的信息和情报，可以通过软件进行管理。

此外，还可以去招聘平台（如领英）搜索并分析竞争对手的招聘信息，仔细审阅工作说明书，了解其招聘岗位是产品研发、售后，还是市场拓展，以此来分析对方的人才需求。工作说明书也会阐述公司和产品的独特性，你可以从中发现对方的竞争点，继而推测对方的发展方向。

第 16 章

"中国创造"的
奇迹

第16章 "中国创造"的奇迹

接下来这个案例发生在2006年,主角是我的同学邵威琳,当时,他担任中兴通讯集团的财务副总裁,亲身经历了中兴通讯埃塞俄比亚项目融资合同的签订,也是这个项目的主要谈判者。

邵总曾坦言,他与东非大陆有着一份特殊的缘分。2000年,他第一次来到了埃塞俄比亚,短短的派驻期里,他不但适应了这里的文化,而且对这个古老的国家产生了特殊的情感。没想到,奇妙的缘分让他在5年后重新踏上这片土地,做成了他人生中一个举足轻重的大单,也在中兴通讯由"中国制造"变为"中国创造"的20年战略蓝图中画下了浓墨重彩的一笔。

出于职业习惯,我对这个谈判案例非常感兴趣。对中兴通讯而言,埃塞俄比亚和印度是他们拓展海外市场的两个经典战场。我和邵总曾两次详细讨论这一案例,从中国通信行业的发展史和战略谈判，聊到华为与中兴通讯的竞争。我们每一次交流都会产生新的话题，给我带来新的思考。邵总对我娓娓而谈，屋外微风习习、阳光明媚，他的讲述却让我似乎置身于硝烟四起的战场，待一切回归平静时，才发觉茶水渐淡，天色已晚。

我在软件行业从业 20 余年，在对企业管理学的学习和实践中，我曾是流程管理的推崇者。ITSM 方法论、HP 或者 SAP 的电信网管、ERP 解决方案，大多都基于电信业务和生产制造的流程管理。这些软件方案重视流程优化，人的影响和作用对其无足轻重。

传统的管理思想，重点是提高生产效率；而行为管理的思想更侧重于人，比如，会谈及组织架构的设计、马斯洛的需求层次理论，以及个人的激励模式。秉承这种思想的人认为，一家企业如果缺少优秀的管理者，也很难成就辉煌。

后来有一段时间，我深受日本管理流派的影响，特别是稻盛和夫的精细化管理及阿米巴经营管理模式。在软件工程领域，我也曾痴迷于法国人所倡导的敏捷开发，坚信"小步快跑"更适用于互联网和云计算的经营模式。

最近几年，我越来越笃信进化论，比如理查德·道金斯（Richard Dawkins）在其著作《自私的基因》（The Extended Selfish Gene）中的观点，即高效率企业有着优良的基因。工作 20 余载后我发现，一家优秀的、有竞争力的企业，基因多半源于创始人或 CEO。对于一家企业的发展而言，创始人或 CEO

多半是成就一段历史、触发一个时代的英雄。

我和好友每次讨论商战时,谈到最后都会涉及一个根本性的问题:"是英雄造就了历史,还是时代成就了英雄?"

邵总和埃塞俄比亚项目的故事,还要从中兴通讯的发展背景说起。

企业基因的进化

中兴通讯的创始人侯为贵先生是陕西人,有着西北人的典型特点:为人耿直,雷厉风行,做事时坚守底线,遇到问题时镇定果断。

中兴通讯是POZ的大客户,我从前和他们开会时,几乎没什么机会见到侯先生这样的公司高层。记得有一次,在位于深圳南山科技园的中兴通讯总部,我开完会从办公楼里走出来,他们的一位员工轻轻抬手,指着远处一个瘦瘦的身影告诉我:"花园里那个穿着米色中山装,正在散步的人就是侯先生。"

那是我第一次见到侯先生本人,但只看到了他的侧脸,而且距离很远。

熟悉中兴通讯历史的读者可能知道,20世纪70年代末,中国开始实行改革开放。在钱学森院士的要求下,我国部署研究计算机芯片,侯为贵先生当时就被派往美国,旨在引进技术和设备。

侯先生曾说:"当时,到了美国感觉几乎是到了另外一个星球上。"他的这段经历让他感受到了中美技术上的鸿沟，于是他立志振兴中国的电子与通信行业。

我相信，正是这样的经历，让初创时期的中兴通讯在基因里拥有了这么几种特质：（1具备航天基因；（2有技术研发背景；（3向美国学习技术；（4致力于自主品牌的开发。

中兴通讯新一代总裁殷一民先生，是中兴手机的创始人之一，曾担任中兴通讯执行董事19载，并在2004年至2010年间担任中兴通讯股份公司总裁一职。

殷先生在任时，曾多次在内部参与并发起投资公司或投资基金，促成了多家参股公司在A股上市，中兴软创、中兴智能、上海中兴、中兴物联等5家"中兴系"直属公司先后在新三板挂牌，还投资了通用数据、明朝万达等5家新三板公司。

可以说，殷先生在资本运作方面颇有建树。

所以，我认为，处于飞速成长期的中兴通讯，与初创时期相比，其基因有了四个新的特质：

（1以财务为先；（2大力推行中兴手机的发展，尤其是运营商定制模式；（3侧重电信系统设备、手机、政企网三大业务；（4重视海外市场，其目标市场为印度和埃塞俄比亚；

在这样的历史背景下，中兴通讯成功完成了与埃塞俄比亚电信的谈判，再次巩固和发展了其海外市场。

来自海外市场的机会

2006年,通信行业在全球范围内迅猛发展,用手机上网逐渐成为人们生活的一部分。而此时,拥有近8千万人口的埃塞俄比亚仍被落后的2G网络层层包围,整个国家的电子通信服务都依赖于政府全资投建的埃塞俄比亚电信。

面对逐渐落后于世界的局面,埃塞俄比亚总理希望能改善国家整体的通信设施,投资建设3G网络,以促进整个国家的经济发展。于是,埃塞俄比亚面向全球多家通信设备公司招标,目的就是建立一个具有现代化意义的、涵盖固定网络和移动网络的3G电信网,并希望竞标公司能在技术、商务,以及融资方面提供服务。

中兴通讯自然收到了标书,但竞争对手都是业界大佬,挑战难度不容小觑:

爱立信——其业务遍布全球180多个国家和地区,是全球最大的移动通信设备商。

华为——无疑是全球领先的信息与通信解决方案供应商。

诺基亚——2006年曾获得中国208亿人民币的合作项目,中国和芬兰两国总理亲自见证签字仪式。

面对劲敌,殷先生沙场秋点兵,委任邵威琳作为中兴通讯的谈判负责人。

"为什么殷总没有指派中兴通讯负责销售的副总裁,或者是负责埃塞俄比亚的总裁,而是选了有财务和审计背景的你在谈判中担此重任呢？"我好奇地问邵威琳。

面对我的疑问，邵威琳介绍了他2000年在埃塞俄比亚的常驻经历，提及他在派驻期间与当地政府、银行、电信等客户频繁交流，逐渐熟悉了埃塞俄比亚生活的方方面面，也了解了埃塞俄比亚人的特点。这些经历成了他担此项重任的优势。埃塞俄比亚总理非常重视这次的3G网络建设项目，埃塞方交通通信部、财政部、能力监测部纷纷加入到这次技术革新中来。

在与埃塞方正式接触之前，中兴通讯团队作了精细的调研分析，包括埃塞俄比亚的国家经济情况和通信行业的状态，比如服务水平、盈利水平、网络状态、与新一代3G技术的匹配度，以及金融市场的情况等。

在项目进行的初期阶段，项目融资是一个决定性的前提条件。这次项目的特殊之处在于，埃塞俄比亚政府提出了一个长期的、至少10年的融资需求。在当时的市场环境下，由于埃塞俄比亚国际资信较低，国际金融机构通常不会向其提供长期的贷款支持。埃塞俄比亚提出了一个更具有挑战性的条件——要求电信设备厂家提供针对以上问题的解决方案。如此高的难度和风险摆在面前，再次说明了融资服务是整个项目成功的前提和基础。

重返埃塞俄比亚

充分调研之后，邵威琳再一次踏上了这片他熟悉的土地。这次，他与中兴通讯时任总裁殷一民结伴而行。

埃塞俄比亚方面负责谈判的不是运营商的企业高层，而是总理、财政部长、交通通信部部长、能力监测部长等相关的政府部门领导。

第一次谈判，双方都在试探，这一方抛出一点信息，那一方丢出一些想法。来回试探了几轮后，就融资能提供的担保条件，以及外汇的基本情况，双方也有了充分的了解。最后，被埃塞俄比亚政府纳入考虑范围的只有初步满足条件的三家公司：爱立信、华为和中兴通讯。

几个月后，三足鼎立的局面变成了华为和中兴"两军对垒"。当时，华为和中兴通讯提出的方案差不多，也都满足了埃塞俄比亚方的要求，爱立信则因为融资机构无法达到要求，早早退出了竞标。

所以，邵威琳和殷一民的这次结伴之行，算是"二顾茅庐"。

这一天，天刚蒙蒙亮，邵威琳和殷一民就走出了亚的斯亚贝巴博莱机场（Addis Ababa Bole International Airport），坐上车向亚的斯亚贝巴市区赶去。

去市区的路很长，殷一民一直在闭目养神。车子进入市区，驶过了几个路口后，他突然开口，打破了沉寂："邵总，你说，经过了 2001 年到 2006 年这段时间，这里有没有什么变化？"

"变化很大，"邵威琳停顿了一下，望着窗外飞驰而过的风景接着说，"以前这里都是矮矮的土楼，到处停着报废的汽车。现在这里都是高楼大厦，街区规划得很好，车流量也大了，我感觉这里的经济发展还是很不错的。"

邵威琳随即把埃塞俄比亚从 2001 年到 2006 年的 GDP 报告，以及政府领导班子的情况，简略地讲了讲，并进行了分析。他的分析得到了殷一民的肯定："嗯，这里的经济情况确实不错，整体态势还是很好的。"

第二轮谈判进展得很快，中兴通讯的主要的目的是收集第一手情报，了解埃塞俄比亚政府的决策信息。

谈判刚一结束，殷邵二人便乘坐当天的航班飞回了深圳。

飞机落地后，邵威琳的目的地不是家，也不是公司，而是国家开发银行深圳分行。他早已约好与该分行的行长见面，了解相关的融资和金融市场情况。

"我并不是无缘无故就联系这位行长的，"邵威琳对我说，"她曾经是国家开发银行国际金融局的副局长，整合资源的能力很强，对商务融资的流程非常熟悉，在国家开发银行的总行也很有影响力。"

其实，在针对这个项目的几次谈判期间，邵威琳曾多次拜访过这位行长，了解她对这一项目的看法，包括对融资条件的分析。而且，邵威琳并没有被这些信息过度影响，他以这些信息息为参考，越发明确了自己的目标。

国家开发银行是中兴通讯的主要合作伙伴，也是中兴通讯在那一阶段的工作重心。为了避免暴露，那段时间里，中兴一直大张旗鼓地与中国出口信用保险公司、中国进口银行，甚至是外资金融机构联系，企图把对手华为的"兵力"分散到这些地方。中兴通讯这样的漫天撒网之计,让华为有些摸不着头脑,猜不到中兴通讯的真实意图。

出其不意,一招制胜

2006年,适逢新中国同非洲国家开启外交关系50周年。11月的寒风中,第二届"中非合作论坛北京峰会暨第三届部长级会议"召开。那次峰会举办得非常成功,为落实会议成果,中非双方在《中非合作论坛北京行动计划(2007—2009年)》中作出了规划:之后的3年里,中非将在政治、经济、国际事务和社会发展领域开展合作。

而中兴通讯、华为和埃塞俄比亚政府的谈判主场也从埃塞俄比亚转移到了北京。谈判时,各方都没有让步,始终坚持已有的融资条件。

邵威琳一边回忆那段颇为煎熬的时光,一边耐心地给我解释和分析当时的情形。从中兴通讯的角度来说,他们当时的策略是欲擒故纵,想先抛出一个不算强硬的方案,声东击西,观察对手华为怎么出牌。等谈判陷入僵局时,再继续出牌。此举有两个战略考虑,第一是要保证对埃塞俄比亚项目势在必得,第二是要维系与华为的长期友好关系。如果为了拿下这个项目,提出低于成本的价格方案,继而打价格战,不仅会和华为伤了和气,最后还会伤害中国的整个通信行业。

但各方一直都僵持不下,项目谈判又从北京转到了深圳。

到达深圳之后,各方反反复复地谈判了一个多星期,都在博弈。埃塞俄比亚财政部部长、交通通信部部长、埃塞俄比亚电信的 CEO,与华为和中兴通讯两方轮番谈判,企图让双方相互压制。

中兴通讯一直没有做出太大的让步,毕竟对方要求了 10 年的贷款条件,并且,谈判的财务条件建立在没有财政担保的基础上。因此,融资难度相当大。

或许也是为了给华为和中兴通讯施压,埃塞俄比亚的谈判方预订了返程机票,并在最后一天的两个时段分别与两家中国企业谈判,上午会谈华为,下午会谈中兴通讯。

邵威琳知道这是最后的机会,但他不想打草惊蛇,毕竟两家企业都有势在必得之意。虽然国家开发银行及其他银行都反馈,不能满足 10 年买方信贷的要求,但邵威琳仔细思考了近几年埃塞俄比亚的发展,以及自己对其市场的了解,想走一步险棋——未来三年(即 2007 年至 2009 年)与埃塞俄比亚独家合作。

其实,在这场谈判的前一天,邵威琳就向殷一民面对面地汇报:"明天我们可以激进一点,出其不意,超出对方(即埃塞俄比亚方)的预期,试着将其一举拿下。基于我对市场的判断,因为是独家垄断,未来其电信领域的需求还是很大的,现在只是 2G、3G 网络,将来还会有 4G 网络,所以现金流应该没有问题。另外,埃塞俄比亚的国情目前看起来也还不错,和中国的关系非常友好。中非论坛协议已经签订,埃塞俄比亚也提出了'走向东方'的战略。"

邵威琳回忆，当时他决定大胆赌一把的原因，正是因为他当年在埃塞俄比亚的经历。那个时期的实地考察和切身体验，让他熟知当地人的办事和决策方式，埃塞俄比亚人——上至国家领导人，下至普通百姓——都是很有骨气的，正因为如此，他才打算把这张"王牌"在最后一刻打出去。

邵威琳说，之所以强调独家性、排他性，是因为当时他有一个判断：如果华为也介入的话，中兴通讯恐怕不能按期完成项目，只有设置成独家，才能聚焦并调动全部资源来完成这个项目。

殷一民批准了这个激进的策略，两人达成了共识。第二天下午，埃塞俄比亚财务部部长带队走进了中兴通讯总部的会议室，邵威琳此时早已胸有成竹。

邵威琳先用一段开场白致辞："中国人有一句老话，叫'事不过三'。在埃塞俄比亚，我们谈了第一轮；在北京，我们谈了第二轮；现在我们邀请大家来深圳，这是第三轮谈判。请问财务部长先生，您不会是想空手回国吧？"

对方幽默地回答："感谢中兴通讯的热情招待。我看邵总信心满满，相信您今天一定准备好了一个令双方都满意的方案。"

接下来是做简短的项目介绍。埃塞俄比亚财政部部长和通信部副部长分享了融资计划的数据。最后，邵威琳拿出了中兴通讯的提案：未来3年（2007—2009年）与埃塞俄比亚独家合作——15亿美元的项目，10年的出口买方信贷，以及7年的出口卖方信贷。

听完邵威琳抛出的方案后,埃塞俄比亚财政部部长的身子轻轻后仰,表情略带惊讶,接下来是 20 秒让人窒息的沉默。中兴通讯谈判小组的成员内心都充满忐忑,但表面上依然不动声色。整个会议室里鸦雀无声,这俨然是一场心理战。

"13 年的卖方信贷你们能不能接受?"突然,埃塞俄比亚财政部部长用意想不到的新方案打开了接下来的谈话,"只要你们答应这个条件,我们今晚就跟你们签合同,并且是'独家'的。"

一路打打杀杀、战鼓擂动,逼到城门之下时,对方却出其不意,让镇守城门的将士们瞬间有些不知所措。

13 年的卖方信贷意味着什么呢?原方案是 10 年的出口买方信贷,外加 7 年的出口卖方信贷,而依据埃塞俄比亚方的新提议,卖方信贷要比原来多 6 年。这可是不小的风险。

"其实,"邵威琳回忆道,"当时埃塞俄比亚方料定我们不会同意,所以才敢这么问。"

但事情的发展也令对方措手不及——中兴通讯这一方竟然同意了。

于是,双方迅速达成了共识,现场便签好了合同。

邵威琳直至今天都清楚地记得,合同签完时,已经是晚上十点钟了。

最终,这场在深圳进行了两个星期的谈判,就在这样的一个夜晚,以虎口夺食之势,完美地落下了帷幕。最后的合同敲定了 15 亿美元的电信设备和 6 亿美元的专业服务,不仅没有缩减项目范围，而且对赌协议的金额还增大了。

这个项目的最终融资和交付都很顺利，对中埃两国来说算是战略上的创新，埃塞俄比亚总理称该项目为"中埃合作的长城，中非合作的典范"。

核心领导力是制胜关键

回头再看这场谈判，中兴通讯的最后一步棋走得非常漂亮。实际上，中兴通讯一方走这步棋，并不是纯粹的临场发挥，而是根据情况，在自知底线的前提下进行的冲锋式决策。

自己的底线，只有自己清楚，也只能自己清楚。在漫长的谈判中，中兴通讯的底线一直没有暴露给客户和竞争对手。

在整个谈判过程中，从战术上说，中兴通讯的氛围营造和情绪控制都做得恰到好处，出牌也十分巧妙，有节奏地向客户表明了自己的条件。

和所有谈判一样，这场谈判中兴通讯终能得胜，最重要的一点是"知己知彼"。

在谈判时，一定要了解对手和我方的能力范围，要明白我方能交付什么，底线是什么。在中兴通讯与埃塞俄比亚的谈判项目中，如果银行方面不接受这个项目，中兴通讯要知道自己应该如何应对，也要知道自己如果最终决定退出战场，又该采用怎样的策略巧妙脱身。

每次谈判后，邵威琳都会和殷一民及其他销售领导充分沟通，听取这些久经沙场的老手在市场信息方面的建议，也会及时了解银行在融资上的难点和最新消息。但邵威琳始终坚持一个原则——"有所闻，有所不闻"。

既然是谈判，就一定要对这个国家、行业、市场和客户有所洞察。比如，银行方面认为这次融资风险大，做不到10年的卖方信贷，但这只是常规性的决策。要是对谈判对象足够了解，便能往前迈一步，即使超出了这个条件，即提出13年的卖方信贷这一方案，中兴通讯对这个项目也会有十足的信心。银行方面的建议是从其自身利益出发的，在听取专业性建议的时候，作为谈判方，也要有自己独立的判断，尤其是在设计条款结构的时候，要对行业市场有清晰的洞察。

邵威琳在埃塞俄比亚的生活经历，也为他的这次谈判压上了一个颇具分量的砝码。只有深入了解对方的文化特点，才能具备多数人无法比拟的深层洞见，这在谈判中是弥足珍贵的。

我越来越笃信，企业的基因中，核心领导力时刻影响着企业的发展和兴衰。殷一民指派邵威琳出任谈判负责人时，很多人并不理解，其实，殷先生看重的恰恰是邵威琳在埃塞俄比亚那段独特的经历。

如何选择谈判负责人呢？谈判负责人应该具备很强的市场意识，熟悉公司业务，对金融市场也要非常了解，要有充足的经验和极强的专业能力，同时还要具备睿智的头脑和果断的决策能力。具备缜密的思维，才能行事果敢；完成前期大量的准备工作，才能有睿智的灼见。任何一场博弈，都没有无缘无故的赢家。

邵总打了个比方：谈判桌就像是一个舞台。舞台上的每一名演员都希望自己的演出能成功。谈判的逻辑也是如此，换句话说，就是要本着共赢的思路去谈判。最后能达到双方共赢的局面，才是一次成功的谈判。

以中兴通讯和埃塞俄比亚政府的谈判为例。中兴通讯独家拿到了超过 20 亿美元的项目，这便于其后续在投资、融资上的安排和运作；同时，埃塞俄比亚也得到了最成熟的技术解决方案，并获得了其所期望的融资条件。

可以说，中国"走出去"的战略布局助力这个大单的签订，促进了政策性金融资源的整合和调动。中兴通讯用 3 年的时间给埃塞俄比亚人民的生活带来了巨变，当地移动电话的用户数量，从 2007 年 9 月的 120 万，增长到 2009 年 9 月的 430 万。在中兴通讯的帮助下，埃塞俄比亚仅用了 3 年时间，就一跃成为非洲通信水平最发达的国家之一。

◆ **快问快答**
　如何进行竞争性谈判

商战中的竞争永远存在。面对竞争者时不能胆怯，要花时间研究对方，全面地进行竞争分析，知己知彼，方能百战不殆。

航空领域有一位伟大的销售总监,名叫约翰·莱希(John Leahy),他是空中客车公司的"超级销售员"。在其任职的 23 年中,他帮助空中客车提高了全球市场的占有率,空中客车的竞争对手——波音公司为了与其应对,更换了 8 名销售总监,然而全都败北而归。

莱希曾是一名飞行员,热爱航空事业。刚开始做飞机销售工作时,他没有客户资源,也没有受过专业的培训。但是,他在之前的工作中积累了大量的专业知识,让他的销售事业得以顺利起步。

我们在网上可以找到莱希针对空中客车 A350 的销售演讲视频。每隔一段时间,我都会拿出来看一看,几乎都可以背下来了。

莱希的销售方式就是进行竞争性谈判。他对竞争对手(波音公司)的全系列产品如数家珍,在推荐空中客车 A350 时,他会主动提及波音 777。

他的话术是这样的:"我们的空中客车 A350 已经销售了 500 架,不用说,它的技术已经领先竞争对手 4 年的时间。这是一架拥有新一代技术的新型客机,更节省航空燃油。我们都知道,波音 777 在这一点上做得很不错,而空中客车 A350 可以比波音 777 节省 25% 的航空燃油。大家想一下,这意味着什么?"

竞争性谈判有三个特点:

第一，话术紧紧围绕公司和产品的核心价值展开。比如约翰·莱希在介绍空中客车 A350 时，使用的关键词有空中客车、新型客机、节省航空燃油等。

第二，要仔细研究竞争对手和其热销产品，能够准确地说出其热销产品型号和相应的指标。比如，莱希从不避讳提及热销的波音 777，但在节省航空燃油这个卖点上，则突出了自己产品的优势，从而打击了竞品。

第三，要阐述客户的市场占有率或典型客户的成功案例。在谈判中，莱希经常提及空中客车的新客户——埃塞俄比亚航空公司。他的话术是，这是一家历史悠久的航空公司，有 70 年历史，从前是波音公司的大客户，后来选择了空中客车 A350。

此举就是一个典型——利用自己的产品战胜或替换竞争对手的产品的成功案例，影响你的潜在客户。

不管是老牌的大公司，还是初创公司，都会有一两个成功案例。要详细了解成功案例的技术方案和商业背景，及其带给客户的价值。当你遇到新客户时，就可以讲述之前的成功案例，能给自己信心，也能影响客户的决策，提高赢单率。

如果通过业务拓展，在新的市场挖掘到了新的大客户，你就可以把这个客户变成自己的成功案例。你可以与客户商量，联合对项目做新闻发布，广而告之，这样可以增强示范效应，树立起公司的品牌。

第 17 章

如何选择职业赛道

第 17 章　如何选择职业赛道

转眼间，我离开智能系统公司已有数载。维多利亚港仍旧像往常一样繁忙，来往的船只匆匆忙忙，但多数不过是这里的过客。

一天早上，我刚到办公室，便收到一位旧识发来的微信，原来是骊爽。

我决定离开智能系统的时候，骊爽留了下来，同时表示，希望能和我继续保持联系。我们在微信里聊了几句。她说，如果方便的话，希望这个周末约我吃饭，她最近有几个关于职业发展的小困惑，想听听我的意见。

我欣然同意。

骊爽选了沙田区城门河边一家有名的泰国餐厅，那里环境很不错。我走进餐厅的时候，看到骊爽已经在等我了，她笑意盈盈地起身迎我入座。她还是那么的爽朗，不过，和三年前相比,又多了几分干练。

一番交流后,我得知,骊爽如今已经升职为销售主管,带领着一个销售团队。在为她高兴的同时,我也不禁感慨时光如梭。从前我们曾经并肩作战,那时候她初露锋芒,偶尔还需要我出手相助,而如今都可以独当一面了。

这时候,骊爽向我抛出了困扰她很久的一个问题:她该不该转行,跳槽到金融公司去呢?如果留在IT行业继续深耕,未来十年的发展又会是怎样的?

骊爽说,她萌生出这样的疑问,与周围朋友的经历有关。毕业后,她有很多朋友都进入了风头正盛的金融行业,自此过上了"丰衣足食"的生活。看到朋友们的事业如火如荼,她觉得分外纠结,不知道自己应该继续在IT行业做销售工作,还是应该跳槽,到目前正火爆的金融行业中打拼。

我很理解她的心情,很多职场新人都和她一样,希望趁自己还有时间试错,能多尝试几个行业,从而找到自己真正擅长的领域。

和以前一样,我试着引导骊爽自己思考。

"你现在已经在IT行业工作了三年,成了销售主管,从业务能力来看,我觉得你还是非常适合IT行业的。"我说罢看向骊爽,她点了点头,但眼神中依然充满疑惑。

我接着说:"你性格好、热情、积极主动、善于沟通,和数字相比,你更喜欢和人打交道,对吧?而且,据我观察,你更愿意出差和见客户,喜欢挑战有难度的销售项目。综合来看,我觉得你更适合留在IT行业里。"

骊爽频频点头，她说："我的性格确实是这样的，但我有的时候还是感觉很迷茫，现在我是销售主管，下一步我应该往什么方向走呢？尤其是现在，IT和金融行业的前景都还不错。我还是想听听你在宏观层面上有哪些意见。"

其实，对于IT行业的发展，我的看法还是非常乐观的。

"如今，对于大集团，IT部门的重要性越来越强，尤其是信息化建设，更是重中之重。20年前，IT部门在企业中只是辅助部门，但现在，它不仅是基础架构和服务部门，还可能会成为营利部门。一个公司是否有竞争力，信息化建设是重要因素之一。"我顿了顿又说，"从个人层面上来说，像你这样有几年工作经验的年轻人，要是想在超一线城市扎根，IT行业是一个不错的选择。"

"对于现在风头正盛的金融行业，不能只看一时的风光。金融行业每隔几年都会有重大的波动，一次金融危机就足以拖垮很多老牌的金融机构。相对而言，IT公司的业务发展比较稳定。所以说，如果你已经在IT行业打下了基础，行业发展势头也很好，还是值得继续深耕细作的。"

骊爽若有所思地点了点头，然后我们又聊起在IT行业内部跳槽的机会。

骊爽说，香港的IT圈很小，猎头公司时不时会给她介绍业内新的工作机会。有做操作系统的公司，也有做大数据服务的公司，还有做硬件和IT基础架构的公司，甚至还有一家全球市场占有率位居前三的笔记本电脑公司，想找她去带一个 30 多人的团队。

面对大大小小的机会，她应该如何选择？这是骊爽的又一个问题。

思索再三，我给她画了一张图——IT 行业销售经理的职业发展路径图。

硬件销售 Hardware Sales	软件销售 Software Sales	数据服务销售 Data Service Sales	广告业务销售 Advertising Sales
台式机（PC）	操作系统（OS）	测速服务 （Performance Data）	市场品牌、广告业务销售 （Market Right）
笔记本（Laptop）	应用软件（App）	数据挖掘 （Data Mining）	市场竞争排名（Ranking）
服务器（Sever）	数据库（Database）	机器学习 （Machine Learning）	国际奖项（Award）
IT 储存（IT Storage）	云服务 （Cloud Services）	人工智能（AI）	内容服务、咨询报告服务 （Content Business）
网络交换设备 （Netwrok）	测试软件、测试系统 （Test & Measurement）	客户体验管理 （Consumer Experience）	
	电信服务保障 （Service Assurance.OSS.BSS）	企业数字化转型 （Digital Transformation）	

IT 信息安全
(IT Security)

个人销售员、独立贡献者 → 销售主管、带领团队 → 首席营销官、首席执行官
(Individual Contributor)　 (Sales People Manager)　 (CMO、CEO)

图 2　IT 销售经理的职业发展路径图

如图 2 所示，我列出了销售经理的职业发展路径。面对着这张图，我们展开了讨论。

"想跳槽去某家公司，首先要看这家公司在 IT 行业的位置。比如这张图，从左到右，展示了 IT 行业的趋势和增值情况，越靠右，利润率越高，公司越容易有盈利，销售人员才越容易赚到佣金。所以，在跳槽的时候，要往右走，选择附加价值高的公司。"

"为什么附加价值高,对于选择公司这么重要呢?"骊爽问。

"因为利润率一定要高,这样你才能赚钱。如果你目前所在的公司平均利润率只有6%,而你中意的某家公司利润率有30%,那这家公司可能就是更好的选择,因为公司赚钱,你才更容易赚钱。公司有发展前景,就会继续投入,培养团队,你在公司升职加薪的机会也就更多。这是双赢。"

骊爽可能对这张图还不够理解,于是我总结了IT行业发展的趋势,以及来自某位IT界前辈的宝贵意见。那位前辈有一个非常好的习惯——他经常会研究一些行业内的权威报告。比如,对于技术高科技领域,高德纳咨询公司的报告就很有参考价值。高德纳咨询公司每年都会发表行业发展报告,包括当年的高科技企业的排序,并会对其进行技术分类。我画的这张职业发展路径图,就借鉴了高德纳咨询公司报告里的行业分类方法。高德纳咨询公司的第三方报告是付费的,但在网上也能找到一些以前的报告。

举个例子,语音识别企业通常被划分在人工智能(AI)和机器学习领域,当高德纳咨询公司认为人工智能属于高附加值行业,那么它所包含的语音识别就会被很多人"看涨",被认为是有前途的。微软、亚马逊在语音识别和翻译领域就做得很出色,来自中国的科大讯飞,近几年在这个领域的表现也很出众。深入分析的话,还可以研究公司理念、财务报表和利润等,预测未来的发展趋势。

针对其他技术领域，还是遵循权威的国际第三方报告最靠谱。当然，如果行业偏门，属于小众市场，懂的人比较少，比如虚拟现实（VR）技术，我的建议是找一位在这个行业从业多年的人当导师，或者找一个有实际商业经验的行内人，他们更了解这一市场在国内外的发展情况。

骊爽盯着图看了半天，继续发问："硬件销售和软件销售分别是指哪些产品和服务呢？"

"以中国市场为例，"我指着第一列的"硬件销售"对骊爽说，"1990年到2005年是硬件发展的黄金时期，这时候台式机、笔记本电脑、路由器、交换机等都是值得选择的赛道，这些市场的发展还是很蓬勃的。但2005年以后，竞争逐渐恶化，同质产品的低价竞争逐渐成为市场主流，这个市场变成了'红海'。比如，惠普公司一台标准配置的台式机，在2005年之前可以卖到普通品牌机的两倍价格，但竞争恶化后，平均价格下滑，利润下降，价格差逐渐缩小到了10%至20%。"

"就你的个人职业选择来说，如果是今时今日，有一家做台式机或笔记本电脑的企业向你递出橄榄枝，请你做销售经理，去带团队，哪怕是知名企业，建议你也不要去，因为不会太有前途。"

骊爽若有所思地点了点头，指着第二列的"软件销售"说："那我们的合作伙伴SAP公司和微软公司应该属于这一类吧？我觉得软件行业现在的发展还是很好的，我周围很多朋友跳槽，去了软件公司，或者是软件的集成商那里。"

我肯定了她的话:"你说得对。从 2000 年到 2020 年,这 20 年是软件行业高速发展的阶段。操作系统、应用软件、数据库都是热词,云服务的热度也在最近的五六年里逐渐升温。"

骊爽看着这张图,仔细研究了一会儿,问道:"图中的测试软件和测试系统具体指的是什么呢?"

"这是软件工程必不可少的部分,只要软件开发存在,就一定有测试的环节。所以说,只要软件业务还存在,进入软件测试行业就一定有饭吃,"我继续解释说,"同样,在电信行业,对电信网管或服务保障软件有常态化的需求。电信的运营支撑系统 OSS、业务支撑系统 BSS 都属于服务保障软件的范畴。"

骊爽抬起头,又问:"电信的 4G、5G 网络在持续发展,因此电信行业的测试软件和服务保障软件就是个长期的需求,对吗?"

我对骊爽说:"如果现在有一家专注于测试的软件公司向你递出橄榄枝,你可以去试一试。因为从目前来看,软件行业仍然在发展,所以未来十年这一领域的工作还是会非常稳定的。"

骊爽接着问道:"什么是数据服务销售?"

我说:"现在,我们进入了大数据时代。高德纳咨询公司研究院高级副总裁彼得·桑德加德(Peter Sondergard)曾打过一个比喻:'数据是 21 世纪的石油,而分析则是内燃机。'还有一句名言,出自杰弗里·摩尔(Geoffrey Moore)之口:'没有大数据,你就是在高速公路上开车的盲人或聋人。'这句话意思是说,有了大数据,整个世界会变得更加智能。"

杰弗里·摩尔是高科技营销魔法之父,也是硅谷战略与创新咨询专家，他所创立的关于技术产品生命周期的定律，被称为新摩尔定律。

我接着解释道："以前管理者重视流程，在2000年到2020年这段软件的黄金时期，做软件的人有一句口头禅：'如果你们公司的生产力出现了问题，一定是流程的问题，需要优化流程。'这也是思爱普、微软、甲骨文的管理逻辑。"

骊爽听得津津有味。

"到了大数据时代，一切都变了，流程固然重要，但只有流程是远远不够的，还需要对海量的数据进行分析，然后变现，继而实现从流程和数据中获得收益的目的。所以，数据分析师这个职业越来越火，数据分析软件也越来越火。如果一家国际知名的数据服务企业招聘销售经理，就值得你积极地谈一谈，试着跳槽。"

最后，我把手指移到图的最右边，继续说："对于广告业务来说，在大数据兴起，需要数据分析之后，就会有各个行业的排名，从而就会产生广告业务。举个例子，如果一家传统服装企业打算通过抖音拓展销售渠道，就需要购买字节跳动公司的流量和排名服务；如果一家做电动牙刷的公司计划拓展海外零售市场，就可以考虑购买亚马逊或谷歌的广告服务。

传统的四大会计师事务所，会发布定制的第三方报告。这种咨询和顾问服务，都与排名和广告业务息息相关。对于手机和消费类电子产品，消费者更是会严重依赖产品的测评报告。如果是专业的、有公信力的企业或者测评机构，可以定期发布测评报告，并颁布奖项，这些都会是长久的好生意。因此，广告业务是未来 20 年 IT 行业的发展热点。"

骊爽手指落在了这张图的左下角，她问我："这个 IT 信息安全指的就是杀毒软件吗？"

"是，也不完全是。"我回答，"IT 信息安全是个具有长久生命力的领域，发展会越来越好。因此我把这个职业方向单独给你列了出来。你不要觉得 IT 信息安全就是杀毒软件，因此就小瞧了这个领域，要把目光放长远。为什么说这个领域有巨大的发展前景呢？我觉得比特币（数字货币，数字资产）的兴起是个重要的机遇。现在，国际贸易的货币基准是美元、欧元和人民币。而比特币的特点是去中心化，能重新定义规则，属于分布式的虚拟货币，没有中央银行，整个网络由用户构成。比特币在黑市中也是存在的，在数字化的信息世界，黑客对于世界的影响力会越来越大。为了应对数字货币和数字资产的发展，以及经营模式的转变，IT 行业就需要新一代的信息安全服务。"

"简而言之，黑客是进攻者，IT 信息安全是守卫者，这个矛和盾的关系会长久存在，是吗？"骊爽问。

"一定是这样的。如果在这个领域，有一家有远见的、专门化的公司，你大可以放心地加入他们。如果有这方面的专家，掌握了反黑客的策略和工具，想找合伙人，你也可以大胆地跟着他干。"

我最后又补充道："最下面是 IT 行业的销售人员可以选择的发展路径，到底要选择哪种路径，要看你是喜欢单打独斗，还是擅长带团队。一条是专家路线，如果你喜欢做一线的工作，热衷于出差和见客户，那你就适合走专家路线。比如，作为一名销售人员，你可以从小片区做到大片区，从硬件做到软件。还有一条是管理者路线，工作的重点是带团队。如果你喜欢组织团队作战，热衷于团队管理、业务培训和经验分享，那你就适合走这条路。比如，你可以做销售主管、销售总监，甚至是销售副总裁。"

骊爽听到"销售副总裁"时眼睛亮了，她问："就公司规模来讲，个人职业发展规划有没有什么不同呢？选择大公司或小公司对职业路径有什么影响？"

我想了想说："这是个好问题。公司的规模确实会对职业路径有一定影响。如果这个公司全球的雇员在500名以内，那就算是一家中小型的公司，在这里工作就适合走专家路线；如果这是一家国际化公司，有几千甚至几万名员工，那就比较适合走管理者路线。比如，你可以应聘做中国区、亚太区的销售主管，带十几个人的团队。"

"那我们最后的职业终点是不是CMO（首席营销官）和CEO？"骊爽问。

我哈哈一笑，答道："最终，只有少数人会成为知名企业的CMO或者CEO。想坐到这个位置上，除了要发展销售和谈判技巧，有管理经验之外，还需要机遇。因为人力资源市场上，招聘CMO、CEO的机会毕竟很少。竞争非常激烈。我观察过，这类领导者有一个特点：他们对市场很敏感，对销售战略很执着,会想尽办法完成挑战。他们都是不怕失败且总想挑战自我的人。并且,他们也能随机应变,顺应市场和客户的需求,最终才能取得胜利。当然,这个胜利不只是签一张大单,而是与大客户达成长期合作,一层层突破个人和公司的极限,一次次地复制成功案例。"

聊到这里,也到了分别的时间。临走时,我送了骊爽一句话:IT 行业是轮动发展的,市场对销售人才的需求也是一样的。在激烈的竞争中,能够生存下来的不一定是最大、最强的玩家,最懂得改变自己,最能适应环境变化的优秀人才,才能笑到最后。

如果一个人选择了合适的赛道,再加上勤奋苦干,长此以往,一定能成功。

◆ 快问快答

如何做升级销售和搭配销售?

升级销售就是卖高价商品。比如,客人走进一家餐厅,原本是想吃一碗米饭,而优秀的销售人员可以成功地让客人选择价格稍高的海鲜炒饭,虽然它和米饭都是主食,但价格相差很大。

发现时机是这类销售工作的关键,最好的时机是第一期项目验收,客户满意付款时,这个时候客户有心情考虑升级型产品,也更容易做出这样的决定,要是能在此时抓住客户的心理，推荐合适的升级型产品，多半不会无功而返。

当然，这一切的前提是"能让客户在餐厅里坐下来"，用性价比高的产品吸引客户就是达到这个目的的良策。如果一开始就推荐鲍鱼海参，客户早就被吓跑了。

不同于升级销售，搭配销售侧重的是销售"互补性产品"。比如，顾客想吃米饭，主菜点了鱼，我们这时就可以提议再加个蔬菜，这样营养更均衡。

这一类销售工作的重点是要有底气，即要能自信勇敢地给出建议。当然，不要畏惧客户的拒绝，毕竟，在需要的时候，他们一定会选择你建议的产品。

举个例子，在奢侈品门店里，展示主打产品的柜台附近，往往会摆满各式小物，如钥匙链、钱包、墨镜等，这些产品的销量和利润率往往都非常高，正适合用作搭配销售。

搭配销售对销售人员来说，性价比很高。一方面，这些"小东西"的利润高，客户在购买大件商品的时候，往往会全面细致地比较价格，而对于这些"小东西"，往往不会花太多时间和精力对其价格进行研究；另一方面，在同一单交易里多加一个商品，不会增加售卖者的时间成本，所以搭配销售可以快速提高单位时间内的销售额。

第 18 章

面试
也是一场谈判

在现代职场，跳槽、换工作，甚至转换赛道，对于年轻人而言也都时有发生。面试是其中很重要的一个环节，但并不是所有人都能顺利通过每一场面试。在我看来，面试中也有很多值得推敲的细节，它们很可能会间接导致你成功或失败。

骊爽在智能系统公司工作了4年，从负责大客户的销售经理，成长为一名能带小团队的销售主管，完成了从销售新人到销售经理的蜕变。

陆续有知名的猎头公司和招聘经理联系她，给她提供跳槽的机会。她开始准备简历，思考如何参加面试。

骊爽的经历在如今的人力资源市场颇具代表性，觉得自己匮乏面试经验的人不在少数。他们从学校进入社会时，经过校园招聘或内推，没有经历什么考核流程，就得到了第一份工作，继而以实习生的身份顺利转正，就这样迈入了职场。他们一方面会感叹自己的幸运,另一方面也很清楚,缺乏面试经验对自己之后的跳槽很不利。

眼下,骊爽手握几个非常不错的面试机会,其中还有几家大型外企的面试邀请。于是,她又一次找到了我,想让我分享一些面试方面的经验。

在我看来,面试也是一场谈判。因为面试前的准备与谈判前的研究和准备工作很相似,都需要知己知彼,才有机会获胜。面试时,面试者需要给面试官留下良好的第一印象。一场成功的面试中,面试者相当于讲述了一个简单而动人的故事,故事的主人公就是自己。在这个故事中,首先要交代清楚故事的背景(自己所处的行业、负责过的客户及项目等),然后一步步铺垫,把主人公克服困难,最终取得胜利的过程,清晰而完整地表达出来。

面试的最后一个重要环节是薪资谈判。薪水要高了,怕对方不愿意承担太高的人力成本;薪水要低了,又怕自己吃亏。所以这是令很多面试者觉得困扰的地方。而成功的薪资谈判,重点要围绕企业的预算,以及面试者的个人背景和能力展开,寻求双方需求上的平衡。在企业的预算之内,获得最佳薪酬,双方达成一致,面试者针对薪资的谈判才算成功。

面试,往往也是一场心理战。久经沙场的面试者会逐渐明白哪些话不能说,哪些话要重点说。想要面试成功,还要学会主动观察面试官,分析对方的心理和态度。经验丰富的面试者甚至可以引导面试官的心理感受,影响对方的最终决策。

围绕"为什么面试、如何准备一场面试、面试中的心理战"

这3个方面,我和骊爽分享了5个关于面试的小案例。

第一印象很重要

第一个案例中的主人公是一个山东女孩。她是个"学霸",名校出身,主修财务和人力资源专业,学历背景很强大。毕业后,她回到故乡青岛,就职于四大会计师事务所之一,做了两年的税务顾问后,想去深圳生活和发展。

当时,她手里已经握有两三个面试机会。她找到我,想得到一些针对面试的建议。我们约在一家咖啡厅里见面。

到了约好的时间,一个衣着精致得体的女孩出现在我面前。我的目光不由自主地被一个细节吸引了——她右手握着一份被卷成纸筒的文件,我猜那是她的简历。

不得不说,无论她的谈吐多么得体,衣着多么精致,这份被她卷成纸筒的文件,可能还是会让很多面试官对她的第一印象大打折扣。

就此,我对骊爽提了第一点建议——不要把简历卷成纸筒拿在手上。

"面试者的穿着和给人的第一印象非常重要。去面试一份工作时,你要把自己代入将来的职位中,你的行为举止要正式、规范,尤其是注重严谨的职位。如果你把自己的简历随意地卷成纸筒,就会给面试官一种'这个人非常随意'的印象。"

骊爽点了点头,又问:"那怎样拿简历才算比较得体呢?"

"正确的做法是，把两份简历放在一个不透明的文件夹里。见到面试官后，打开文件夹，一份给面试官，一份留在自己手里。"

这也是我当时给那个山东女孩的一个小建议。后来，她在深圳找到了一家互联网公司，顺利通过了面试，负责报税服务工作。

要看长期战略

第二个案例里的这位主人公是我的一位校友，我给她做过很多次面试辅导。第一次辅导后，她成功得到了一家美资化工企业的销售经理职位。后来的三年时间里，她先后负责大客户、分销商、代理商，从一个新人成长为一名有经验的销售经理。

后来她想跳槽，想去跨境电商领域闯一闯，得到了两个面试邀请。两家公司都是业内顶尖的美资龙头企业，实力不相上下。于是，她又一次找到我，想让我给她一些职业发展和面试方面的意见。

在过去的十年里，跨境电商是中国的风口行业之一，一直发展得如火如荼。以美国著名电商亚马逊为例，其分布在中国的卖家占卖家总数的近 40%。

我并没有直接告诉我的校友要选择哪一家公司，而是跟她一起针对行业、面试官及面试技巧进行分析，最终还要由她自己选择。

商海茫茫，瞬息万变，如何才能在征战商海之路上走得更长远呢？

面试是一场谈判,所以在开始谈判之前,要先分析对方的行业和业务发展情况。

备选的这两家跨境电商公司,一家是老牌企业,进军中国已有近20年,但近几年,业务一直在萎缩;第二家公司则只有四五年的历史,但在美国非常有影响力。

我建议她:"一定要找准未来的赛道。要看对方在中国市场的布局,还要看其长期发展战略,有没有持续投入的意向,不能只看当下的情况。"

选择一家新的公司,除了要看职位和待遇,还要考虑未来的晋升空间。如果公司具备高速发展的潜力,就一定会不断扩大团队,晋升的机会也就更多。所以,找一家业务飞速增长的公司是更明智的选择。

同时,还要留意公司管理团队是否有潜在的瓶颈。

在这两个备选当中,那家老牌公司中国区的总经理是一个新加坡人,在过去的20年里,中国区一直采用代理制的销售方式;而第二家公司虽然资历尚浅,但发展势头很猛,跨境电商方面的运营完全复制了美国总部的"大卖家"业务模式,商家不接受代理,直接和大卖家签约,提供丰厚的回报,刺激卖家做大销售额。其产品市场是全球性的,涵盖中东、欧洲、亚洲等。中国区的总经理是一个上海人,直接向美国总部汇报工作。

我分析道:"那家老牌公司中国区的总经理是一名外籍人士,由此可以看出,这家公司还是很老派地遵循了十几年前的规则,本土化做得不够彻底。如果你想在这家公司发展,可能就会面临职业天花板,上升空间存在瓶颈,而且,公司很可能会倾向让'自己人'做高层管理者,所以晋升可能会困难重重。"我顿了顿,又接着说,"而第二家公司中国区的总经理是本土人士,这说明,如果时机成熟,你也有可能被提升到相同的职位。"

"接下来,我们再从电商企业自身的角度来分析。我参观过美国西海岸大大小小很多家跨境电商。你刚刚说的这第二家公司以创新闻名。在美国,这家公司的线上业务有着领先的地位,线下还有无人零售店。我们实地考察过,其无人零售店的销售流程、服务环节都是高效而创新的,一旦机会成熟,很可能会复制到全球,这样一来,市场就是不可估量的。"

听了我的分析,我的这位校友沉思片刻后说:"这样分析下来,选择第二家企业应该更合理。"

如何进行薪资谈判

一路过关斩将之后,到了面试的最后一个环节——谈薪水。骊爽非常关心这个话题,这毕竟切实关系到她今后的生活质量。

我的那位校友在找我求助时,对于这一点同样很困惑:"我入职的首家公司是一家化工企业,现在就职的这家公司则是一家外企,因为算是换了赛道,所以年薪不是特别高。这次跳槽,我希望薪水能有大幅度的增长,最好能增长50%,甚至翻一倍。但是,我在面试中应该怎样去谈判呢?"

我相信很多人都有这个想法，希望通过薪资谈判获得理想收入，但是我们要如何备战呢？

我的建议如下：

第一步，收集并了解对方的招聘预算信息。这些信息可以通过猎头公司、招聘评测网站获得，也可以直接问对方的人力资源经理。一旦对招聘预算有了底，就知道谈判的大致范围了。

第二步，在预算范围内谈判薪水。但是，如何把自己的薪水抬高？我们可以把这个面试过程看作提供解决方案的销售过程（solution selling），而你的产品就是你自己，你需要把自己的优势、教育和工作背景、工作技能、行业匹配度等充分展示出来。

个人魅力一定要展示到正确的地方，把自己的优势转化为对方对自己的认可。只有招聘官认可了你的价值，才会给你一个很好的待遇。"

举个例子，你说自己会10种语言，觉得自己很厉害，所以要求高薪资。但是，面试官回绝了你——你的确很厉害，但这个职位只需要具备日语能力。

我告诉骊爽一个小技巧：在谈判过程中，可以适当给对方施压。

面试官会给面试者施压，面试者也可以反向施压。面试者可以有意无意地表示自己还有其他面试邀请，但不要和盘托出，要点到即止，让对方自行揣度。

骊爽问："如果当时我只面试了这一家公司，可不可以说自己还在面试其他公司，然后现场编一家呢？"

"大概率是不行的，"我否定了她的小聪明，"如果你没有真的去面试，势必缺乏第一手信息，你的谎言很快就会被人识破。比如，面试官会问你，其竞争对手的中国区经理是谁、业务模式或发展策略是什么，等等。这种拙劣的小伎俩很容易被面试官识破。"

"如何改变这种局面呢？"我继续说，"我建议你使用'阳谋'，而不是'阴谋'。在你想要跳槽的时候，如果多家公司都在招聘，你不妨多投几份简历。如果手握多个面试机会，面试时，你就有了真实、充分的第一手资料，也就有了谈判的筹码和底气。"

骊爽点了点头，表示认可。

接下来她问我："跨行业跳槽又需要注意什么呢？"

骊爽面临着转行，目标瞄准了数据分析和人工智能等领域，但对于跨行业跳槽，她一直有一个疑惑："没有相关的行业经验，面试官真的能认可我吗？我如何才能从诸多有专业背景的面试者中脱颖而出？"

这也是我的那位校友遇到过的难题，她从化工领域转到电商领域，行业跨度不小。那么，如何让面试官相信自己有能力胜任新行业中的新岗位呢？

我的建议如下：

第一，你需要告诉面试官，你的学习能力很强，并且要有证据。

你可以通过讲故事的方式来说服面试官，每个故事都相当于论据，要有与之精准对应的论点。比如，如果重点是团队建设能力，就要提及你参与的新产品培训和新客户调研等。话题也可以很广，比如，你可以说："我在前公司，短时间内学习了一门新的数据分析语言,参与了新的项目。"

在关于第一印象的例子中,我提到了一个山东女孩,我们现在以她为例来说明这一点。她本身的专长是税务。当面试官问到她的学习能力如何时,她可以说自己做过关于汇率转换的项目,并具体说明在新的业务领域她是如何学习的,如何帮助客户规避汇率风险的,等等。

第二,踏踏实实地做准备工作,主动学习相关的行业知识。比如,想要转行到电商领域,就要了解中资、外资跨境电商都有哪些,其各自的业务优势分别是什么,大客户是谁,市场份额如何等。最好能就各个电商的全球业务做一张图,进行参照和比较。如果你要到大众点评网面试,就要了解其境外市场的同类竞品,例如美国的 Yelp 和香港的 OpenRice,要知道它们各自有哪些特点和优势,等等。当你认真做完这些调研的时候,就具备了该行业的一些基础信息和数据。在面试过程中,你要和面试官说行业语言,谈论行业市场和业内产品形态,分析行业发展趋势和发展瓶颈,总之,要让面试官知道,你是行内人。

真诚是最动人的品质

接下来我和骊爽分享的一个案例,不是一场工作面试,而是一场 MBA 入学面试。

我曾在中山大学岭南学院担任 MBA 面试官。在中国,考

第 18 章 面试也是一场谈判

MBA 通常分为两个步骤：一、参加 MBA 联考，即工商管理硕士（MBA）研究生入学考试，获得笔试成绩；二、参加面试。

这个案例中的面试者曾是国内一家民用航空公司的机务主管，管理着一个 30 多人的维护团队。一架波音飞机有 600 万个大大小小的零件，还有不同的规格，从发动机到餐车的轮子，所有零件的维护工作都由这个团队负责。

对于这位面试者，面试官老师们产生了质疑：MBA 项目培养的对象通常是企业管理者，可以管理生产制造、产品研发，也可以是金融行业的管理者，而管理飞机零件的维护团队未免稍显小众，他到底有没有资格读 MBA？即便他有这个资格，学习能力也很强，读 MBA 对他的工作又有什么裨益呢？他读 MBA 是出自本心吗？

面试官老师共有 5 个人，短暂的内部讨论产生了不同的声音，有建议录取的，也有持反对意见的。大多数面试官认为，这位面试者恐怕是一时冲动，或者想哗众取宠，没搞清楚 MBA 的培养目标，就报考了 MBA，并不是来真心求学的。

当这位面试者回到面试现场，进行补充陈述的时候，我问了他一个问题："在机务管理的日常工作中，面对这 30 多名工程师，你是如何进行管理的？"

"是这样的，"他想了片刻说，"我把整个团队分成两组：有责任心的人一组，没有责任心的人一组。对于那些有责任心的人，我让他们去管理飞机零部件维修，比如发动机、通信导航系统、机轮刹车系统、飞机空调增压系统、机身重要结构部件等；对于另一组，我会让他们负责不影响安全的零部件。这个团队的人就职背景有很多情况，除了从社会上择优招聘的，还有一些是内推来的，个别的还有可能是高层有意培养和磨练的对象，对于这些同事，不能轻易辞退或者转岗，我会把他们放在第二组。"

听完这番话，我们几个面试官都会心一笑：这个面试者认真的回答显得很真诚，这种真诚打动了所有的面试官，于是，他被录取了。

这位面试者后续的职业发展非常好，MBA 毕业后，他去了一家物流公司，负责货运飞机的机务管理，平台更大了，管理的飞机和工程师团队数量都翻了一番，事业得到了更好的发展。

在面试过程中，这位面试者没有心机，没有小聪明，说的每句话都是他心里所想。他使用了最直接、最稳妥且最有效的策略参加面试，用真诚打动了面试官。而他分享的团队管理经验，也让作为面试官的我们对这个行业有了新的认识。

适时的心理战

面试官也是人，也有心理活动。人与人之间的谈判，其实就是一场心理博弈。使用肢体语言可以促进沟通，也可以对心理产生影响。面试者如果经验丰富，能揣摩面试官的内心世界，甚至影响面试官的心理感受，就更容易成功。

在我和骊爽分享的最后这个案例中，这位面试者想换个行业，从传统的消费行业跳到一家互联网金融公司，经历几轮面试后，到了临门一脚，要去见互联网金融公司负责产品管理的总经理，进行最后的面试。在面试辅导中，我给他讲了一个能影响面试官心理感受的小技巧。

我告诉他，这个技巧不能对每个面试官都用，要用在至关重要的场合。

听到这里，骊爽一脸好奇地看着我，笑着说："到底是什么技巧这么神奇啊？"

我故作神秘地笑了笑说："你进行最后一轮的面试时，开始一段时间，要一直保持平静，不要笑，甚至可以略微表现得有点冷淡，而且要尽量简短地回答对方的开场问题。"

"嗯？你确定吗？这样不会把面试官越推越远吗？"骊爽问。

"你先别急，听我说完，"我卖了个关子，顿了顿又说，"当你和面试官展开交谈，深入地聊到你的个人价值，以及这份工作与你工作能力的匹配程度时，再慢慢露出笑容。不出意外的话，面试官会越来越认可你，话也会逐渐多起来。最好的结果是，面试快结束的时候，你们两人开怀大笑，甚至能互拍肩膀。"

听到这里，骊爽恍然大悟。

"这一招是一种心理操控术。这场面试会给面试官一个感觉——因为面试官认可了面试者的价值，面试者才越来越开心。这个变化会让面试官认为是他的努力让局面越来越好的。每个人都希望自己的努力在工作结果上有所体现，当他看到一个面试者一开始很冷淡，通过与自己的沟通慢慢变得开朗起来，他是有成就感的。在重要的面试中，比较忌讳的是与之相反的情况：一开始气氛轻松愉快，后来气氛变得越来越严肃和沉闷。如果在某些关键的压力测试问题上，出现了面试者答非所问，甚至沉默不语的情况，那就更糟糕了。两人的沟通由冷至热，面试官的心理是在走上坡路的，哪怕起点比较低，最后也会有正面的感受；两人的沟通由热至冷，即便起点很高，课面试官心理预期下降得很快，最后的感受就是负面的。"

总之，面试就是一场谈判。

在职业规划中，要遵循职业发展路径，寻找能够发挥更高的自我价值、更有前途的行业，选择更好的赛道。当然，选择感兴趣的事业也至关重要，因为兴趣是职业发展的动力。比如，你为什么希望做团队带头人？做产品的时候，对这个技术是不是真的感兴趣？有没有热情去继续钻研？拿我自己来说，我对广告行业很感兴趣，那么，广告是如何运作的？广告行业如何营利？广告主、广告商、执行单位和媒体等之间是如何运作的？一个成功的广告项目，到底是如何促进销售的？这都是我想要了解的问题。

对于闯荡职场的年轻人来说，选择一条适合自己的赛道，再加上一定的面试技巧，就相当于在面试中穿上了最坚实的铠甲，将会战无不胜。

◆ 快问快答
如何用提问来促成销售？

一见到客户就紧张，说话没有重点，是很多销售新人的共性。"提问"可以帮助你轻松缓解这一痛点。

我有一个秘诀：在见客户前，针对需要介绍的产品卖点，你可以从陈述句转换成疑问句。

比如，如果你销售的是沃尔沃汽车，安全、油耗低都是产品很好的卖点。那么你可以试着针对卖点提问，即"你是否在意汽车的安全性能？""你是否优先考虑油耗低的汽车？"以此潜移默化地引导客户不由自主地承认产品的卖点，客户也会从本来漫无边际的需求中被引导到你的卖点上。

适当的提问也是打破僵局的方式，尤其对沉默、内向的客户更加奏效。但凡事都有度，要点到为止，提问过多也会起反作用，有时可能会让客户联想到竞争对手的产品，反而会导致销售失败。

如果在提问过程中，客户很久没有回应，或者面露难色，出现了摇头、皱眉等否定性的表情，千万不要乱了方寸，可以通过直接询问的方式了解他们的需求。

比如，问客户的顾虑是什么，是价格太高，还是交货期太晚。对方作答后,你就可以顺着对方的思路,想办法打消这些顾虑和担心。觉得价格高?那就试试降价,或者赠送服务;觉得交货期太晚?那就想办法调货。

第 19 章

神话
是创造出来的

2020年,联通世界的5G网络技术蓄势待发,随之而来的是营销模式的全新迭代,新媒体营销一次次刷新纪录,并不断拓宽品牌的圈层影响力。时代在快速发展,创新与风险并行。面对层出不穷的热点,我深深地感受到,我们的社会正在迎来一场巨大的变革,"快速""网络最快速度"正成为核心关键词。

这一年的年初,我的一位极要好的朋友曾先生跳槽去了Facebook(如今更名为Meta)。曾先生曾是香港IT行业中的销售大咖,他入职了新工作之后,我约他一起叙叙旧。

到了他的新办公室,我的目光被粗犷的装修风格所吸引:四周的墙面保留了水泥的痕迹,裸露的管道在头顶缠绕。这种风格现在有了更新潮的说法,叫"工业风"。公司的前台附近有一面很大的白墙,走近时你会发现,上面有很多手写的留言,是这里的员工或者来访者的建议和愿景。这里的氛围和美国一些企业很相似，看来这种开放的美国文化也随着这家美国企业一并被"打包"带进了中国。

我们相谈甚欢，从他现在的职位聊到了 Facebook 的发展。在这期间，我惊讶地得知，Facebook 全球收入的一半以上都来源于广告费。

后来，带着疑问，我专门研究了 Facebook 的财报，也有了更多有趣的发现：2020 年第一季度，Facebook 广告总数量增加了 12%，每则广告的平均价格上涨了 30%，主要原因是广告客户需求的陡增，无论是价格上还是数量上，Facebook 的广告业务在全球的发展都是蒸蒸日上的。

在 Facebook 这样的平台，自媒体是如何通过广告服务赚取利润的呢？曾先生对此给出了详细的分析。我在大开眼界的同时，也隐隐意识到，除了传统的硬件、软件外，这一类广告业务会是电信行业中新兴的销售点。而这一次不经意的交谈，为我们公司后来在台湾地区创造起一场 5G 广告大战埋下了种子。

"5G 测速第一"的奖项

台湾地区的电信市场是亚太区市场的典型，甚至可以说是国际移动市场的样板。2020 年初，5G 网络刚刚萌芽之际，四五家移动运营商激烈竞争，积极争夺着 5G 渗透率，同时也就更低廉的月服务费展开了竞争。

对于各大运营商来说，5G 技术是一项长期而巨大的投资，基础架构、网络设备、手机终端都要更新换代，往往要耗费几十亿甚至上百亿美元。

在法国软件公司POZ工作5年之后,我加入了美国大数据独角兽企业。这家公司对全球的移动网络和宽带网络提供测速服务和广告评奖服务,主要客户是各国的电信运营商,我负责的市场是东北亚地区。

在台湾地区,我的两个主要客户是长江电信和泰山电信。

4G时代以前,长江电信相对于其他运营商来说表现平平,远远称不上业界翘楚,不过也算是台湾地区主要的通信公司之一。但在这次通信革命中,长江电信和设备供应商抓住机会,在5G基站的传输核心、频宽和技术上有了重大突破。

2020年下半年,长江电信在台湾地区的5G测速达到第一名,反超了两位长期以来位居前列的竞争对手——泰山电信和台湾大哥大。

我所在的大数据公司一直拥有长江电信的移动测速数据和其在台湾地区的排名信息。基于这些数据,加上和这家公司的客户沟通,在它夺得5G测速冠军之前,我就隐隐地预料到了这个结果。于是,我抓住机会,与对方积极磋商,推荐其购买我们的广告排名服务,让他们在媒体上可以广泛宣传自己的成绩——5G测速台湾地区第一名。

与此同时,泰山电信也开始与我们接洽,商谈数据订阅和广告业务的服务。

对我们公司内部来说,台湾地区每年的生意额很小,一年的数据服务费只有几十万美元,是一个有待发展的新兴市场。

综合了两家公司在 5G 方面的兴趣，我预感到，在台湾地区，针对 5G 测速排名的市场宣传，会出现一定的广告需求。

收集到这些一手信息后，我回到公司总部，与品牌部门及销售副总裁积极磋商，探讨如何在台湾地区推广这项服务。经过内部分析以及大数据分析，我们最终决定，优先与长江电信合作。理由很简单：在 2020 年第四季度，长江电信的 5G 测速，包括其上行 / 下行速率，都是领先的。

当然，我们也不希望一家独大，而是要营造出良性竞争的态势。经过数据分析和品牌部门的论证，我们授予长江电信"全台湾地区最快速 5G 网络"奖项。

补位宣传也不迟

此后，我们公司仍然有机会在台湾地区为其他企业颁发各种奖项，比如"最快速移动 4G 网络奖""最佳移动网络覆盖奖"等。在策略上，我们的目标不限于长江电信一家的广告费，而是期望能"抛砖引玉"，获得更丰厚的回报。

一方面，我已经开始和长江电信秘密起草关于品牌广告服务的商务合同。与此同时，泰山电信预感到这类奖项会形成新闻热点，便开始疯狂地联系我们。

面对这样一个局势，我们定下的策略是——忽视。我们对泰山电信"装聋作哑"，吊足了他们的胃口，让他们暗暗地下定决心要争夺下一个奖项。这为未来的合作打下了基础。

于是，我们在公司内部做好部署，相关人员都知道，我们的冷处理是有意识的。在台湾地区，我们是一家中立的大数据公司，不能在同一时间给不同的公司颁奖，以避免市场冲突。并且大家统一口径，如果泰山电信有人越级与美国总部联系，总部也会和我们统一谈判接口。

同时，在与泰山电信的客户接洽时，我们也刻意调整了节奏，比如将回复邮件的周期适当延长，这样一来便很好地和他们保持了距离。

另一边，我们和长江电信的谈判进展得很顺利，2020年圣诞节，这份合同正式签署了。

在2021年新年的第一周，一则名为"长江电信获得'全台湾地区最快速5G奖'"的新闻在台湾地区的报纸、杂志、电视台等传统媒体，以及互联网新媒体的平台上四处开花，台湾地区有16家媒体转载和报道了这则新闻，舆论的造势在台湾地区市场上引起了轩然大波，积极促进了长江电信定制版的苹果和三星5G手机的零售业务。一时间，在台湾地区，拥有一部支持5G网络的iphone12成了一件非常新潮前卫的事情。

自此，台湾地区这场5G网络大战的序幕正式拉开了。

当泰山电信发现我们给长江电信颁奖后，只得被动应战，找到我们，想要针对广告业务进行二次谈判。泰山电信网络部的负责人甚至直接对我说："我们已经知道泰山电信没有机会获得这次的奖项，但是，还有哪些奖项适合我们，只要适合，我们都要买！"

第 19 章 神话是创造出来的

泰山电信想在市场上做补位宣传。从战术上来说，这是个正确的举措，因为在这样的情况下，一定要反击，不能形成被动挨打的局面。

我们给长江电信颁奖，直接促使泰山电信作出了这个决定。

紧接着，我们公司对泰山电信的态度转变了，不再是低频率地冷漠回应，而是主动伸出援手，帮助他们分析数据和差距，同时帮助他们厘清自己的相对优势。鉴于长江电信在市场上的"最快速 5G 奖"在舆论中已占上风，我们和泰山电信一致决定，斥巨资在 4G 上进行舆论营销以作反击。

2021 年 1 月份，我们和泰山电信签署了颁发 4G "最快速移动奖"和"最佳网络覆盖奖"的合同。到了这个阶段，我们针对这两家公司的广告服务都有了一定的收益。

回到公司，我们趁热打铁，在台湾地区发布了一份关于 5G 网络的洞察报告，进一步分析在通信技术领域哪些方面的 5G 速度更快，以此让台湾地区的电信市场奏出了更响亮的乐章。

正如我们所料，这份市场报告一出现，效果立竿见影——台湾地区乃至整个亚太地区的市场都感受到，5G 网络俨然成为最热门的话题。

最后大赢家

这样的情形一直延续到 2021 年 6 月，5G 网络的普及已有近半年之久。所有运营商都对"2021 年上半年最快速 5G 奖"虎视眈眈。因为大家都知道,这是一个金字招牌,获奖后,可以在自己的官网,以及对外销售的广告中对此进行大力宣传。

根据我们的大数据测评结果,2021年上半年的得奖者是泰山电信。于是,趁着这股风潮,我们在2021年中便开始了与泰山电信的商务谈判,因为奖项抢手,一个奖项的合同金额就高达一百万美元。

国际奖项的颁奖周期为6个月。这就意味着,每隔半年,这两家公司就要分别从我们公司采购一次广告服务。我们在台湾地区的销售额,从之前的每半年几万美元,一下子飞涨到超过一百万美元。

我所在的这家大数据公司也成为这场广告大战的最大受益者。我们在台湾地区原本很小众,并没有太多人知道我们的数据测速服务,而经过这段时间的博弈,台湾五大运营商中,有两家在对外广告中引用了我们的数据。销售额的飞涨让我们在短期内增加了近10倍的收益。

我们给泰山电信颁发了"2021年上半年最快速5G奖",因为种种原因,采取了线上颁奖的形式,并由我们公司的CEO亲自颁奖。颁奖的视频和报告都发布在泰山电信的官网上。泰山电信又进行了第二个营销动作,他们的董事长在接受东森电视台采访时,引用我们的数据,做了进一步的宣传推广。

紧接着,有20多家媒体连番进行舆论报道,在2021年6月达到了高潮。

这场5G大战历时大半年,最后的大玩家——泰山电信终于浮出水面。

两场没有硝烟的战争之后，泰山电信夺回了运营商的5G霸主地位。短短一年之后，台湾的五家运营商"大洗牌"，发生了结构性的变化：长江电信与台湾亚太电信合并，台湾大哥大与台湾之星合并。

因为这场广告大战，5G业务在台湾地区的销售额节节攀升。泰山电信主导5G广告谈判的副总裁，因为广告大战的成功，升职为资深副总裁，其他相关负责人也纷纷晋升。而长江电信这边，因为丢失了第二次的5G奖项，市场部经理被撤职。可谓几家欢喜几家愁。

为什么一场小小的广告争夺战会有这么大的影响力？甚至让负责人丢了饭碗？因为其背后有自己的逻辑。对于一家台湾地区的运营商来说，投资5G是以几十亿甚至几百亿新台币为代价的。相对而言，花费100万美元购买广告服务，显然是四两拨千斤的招数。

广告与销售的转化

这场5G网络时代的广告大战可谓是一场看不见硝烟的战争，在未来，随着通信技术的不断更迭，这样的战争只会越来越多。

随之我也越发意识到，广告服务将是未来商业社会的重点。以前，我经常与企业的IT部门或CIO打交道，而如今，我更多的是和客户的市场部门、CMO或品牌部门进行合作。

奥美广告的创始人、"广告教父"大卫·麦肯兹·奥格威（David MacKenzie Ogilvy）曾经说过，广告的目的就是销售。

第一次读到这句话的时候，我并不是很明白。那时我所理解的广告服务，还局限于电视台、杂志、报纸等传统媒体上的明星代言这种形式。如何把一则媒体广告转化为切实的销售行为，是我当时没有想通的问题。

后来，我从事大数据行业，经历了广告大战之后，才更深刻地理解了这句话。从运营商的角度来说，支付不菲的广告费用，确实可以产生销售效果。比如现在的YouTube、小红书、抖音等平台，都是利用广告在平台直接产生销售。

当然，随着近些年互联网平台的飞速发展，实体经济和互联网经济逐渐产生分化，尤其是电子商务，在销售转化上发生了新的变化。

10年前，消费者只有走进商店，看到货架上的商品，才会产生购买行为。从广告投放到消费者看到新商品，再到转化为销售，这个周期是长短不一的。

如今，直播带货风靡网络，品牌商们也更倾向与各个领域的网红或KOL合作，来推广自己的产品。在很多知名主播的直播间里，随着"三二一"的倒计时，几千件商品可以瞬间售罄，这在10年前是难以想象的事情。

此外，在数字化经济和互联网经济的影响下，大数据的重要性也陡然增强。以往，销售人员需要做大规模的市场调研，从广告投入到代言，要做全局的统计和分析，包括消费者的性别、年龄、地域和购买习惯等，做这些统计开销大、周期长。而现在，互联网的实时数据统计更加迅速便捷，还能优化决策和配货流程，比如，"双十一"购物狂欢节过后的几天之内，相关数据便会新鲜出炉。

总之，谁拥有了大数据，谁就拥有了更强的竞争力。

◆ **快问快答**
找准自己的位置

对于想涉猎广告业务的销售人员来说，有哪些具体的方向是可以选择的？每一个分支所侧重的具体业务又是什么？针对这些问题，我建议你从以下4个维度进行学习和理解。

同样，企业的市场营销部门，也可以从这4个维度积极布局未来的市场营销策略。

1. 市场开发权（marketing right）

市场开发权的整个流程包含品牌授权和大数据公司发布评测报告等，可以分为竞争性市场开发权（competitive marketing right）和非竞争性市场开发权（non-competitive marketing right）两个分支。

前者是在小范围内与竞争对手进行横向对比，比如,"我们的手机品牌在香港市场 5G 测速是第一名""我们的银行在泰国境内的网络银行中,投资回报率是最高的",等等。

后者更倾向于自己和自己进行纵向对比。比如,"我们品牌的 5G 比 WiFi 速度快 50%""作为一家航空公司,我们 2021 年的航线相较去年增加了 30%",等等。

2. 行业排名(Ranking)

行业排名通常是基于各个品牌某一方面在市场上的排名产生的。比如,对航空公司来说,可以有全国航空公司安全系数排名、客户反馈排名等,这一类排名一般会包含其他竞争者及相关数据。

3. 所获奖项(Award)

所获奖项是指产品或服务于某一段时间内在某一个地域的某一个品类中所获得的奖项,具有唯一性,比前两者的含金量更高一些。最典型的例子就是每年的奥斯卡奖。

4. 内容业务(Content Business)

内容业务是指基于现有数据进行的、具有前瞻性和区域性的数据分析报告。有些报告需要付费才能获取,高德纳咨询公司的报告就是很典型的例子。

后记

不容忽视的谈判力

如今的大企业或跨国公司都有首席执行官、首席信息官,以及首席财务官。但什么是首席谈判官呢?其职责是什么呢?又为何重要?

首席谈判官(Chief Negotiation Officer)即 CNO。在公司战略合作、企业并购、投资与收购本国或者外国科技与实体、重大危机管理,以及与大客户的长期销售合约和服务合约中,都少不了 CNO 的身影。麦肯锡公司 2021 年的一篇访谈文章中提到,在收入超过 10 亿美元的企业中,93% 的企业领袖表示"非常有兴趣"引入一个新角色——首席谈判官——来改善谈判结果。

在这篇访谈文章中,企业高管和商业谈判代表一致认为:谈判是一项关键的能力。而且,谈判这项工作通常非常有难度,尤其是涉及大型组织时，如果利益相关者的思想狭隘或思维僵化，那么获得关注、制定计划、作出决策的过程都可能是十分曲折的。事实上，需要谈判是组织复杂性的表现。一般来说，我们很难猜到首席谈判官将如何应对阻碍谈判速度和成功结果的多重挑战。

这并不是说，招聘一名高级销售总监或者公关总监就能应对这些挑战。业务流程的数字化和随之而来的企业数字化转型肯定会对此有所帮助，但还远远不够。

简化合同（即使合同更容易被理解和讨论）当然也是应对这些挑战的一个步骤。从僵化的协议模板转向更具动态性的条款库，以及预先确定的后备方案，有助于推进许多比较简单的谈判，继而释放资源，以专注于更重要的交易和关系。开发和实施标准的谈判方法和谈判技术，会带来直接性的好处，也会助力谈判，并能预测未来的谈判结果，分析哪些方法和技术有效，哪些无效。

可以肯定的是，我们需要一个角色，对发展组织的谈判能力负责任，尽管这也可以通过关键利益相关者的执行委员会来实现（相较于剑拔弩张的谈判，这种方式会更友好），但是对于首席谈判官这一角色的意义和职权范围，我们必须仔细界定。

谈判很重要——而且可能太重要了，这就需要一个团队，在首席谈判官的领导下，共同担负起这一重任。

举个例子，亚马逊的云服务 AWS 在 2022 年涨价了。依托于 AWS 的电信、基础架构、网络和软件服务商都要增加成本。与亚马逊 AWS 谈判，就是首席谈判官的工作。

再比如，在 2022 年的第二和第三季度，美元对人民币的汇率大幅攀升。中美双边贸易和投资普遍受到了影响。在机械、汽车、电子、农业、航空等行业，中国的多家企业都因汇率攀升出现了问题，其供应链、成本和销售发生了连锁反应。作为首席谈判官，要在这样的背景下，与供应商和大客户就新的商务条款、合作框架进行谈判，实乃责任重大。

在中国历史上，也有过首席谈判官的身影，比如苏秦和张仪。由公孙衍发起的合纵连横，即战国时期纵横家所宣扬并推行的外交和军事政策，就是由"首席谈判官"苏秦前去游说六国，推动六国最终联合抗秦的。

还有一位"首席谈判官"——法家思想家商鞅。商鞅在秦孝公的支持下，于公元前356年在秦国实施了政治改革。这场改革分两次进行，首次开始于公元前356年，第二次开始于公元前347年。经过商鞅变法，秦国富国强兵，奠定了其在战国七雄中的雄厚实力，对秦王朝的崛起有着至关重要的作用，也是秦始皇管理国家的基础。

当时，商鞅拟好新法，就要公布了。但是，怎样才能使人民相信他的话呢？经过一番考虑，他让手下的人把一根三丈长的木杆竖立在秦国国都的南门，如果有人能把它搬到北门，便赏十金。人们觉得奇怪，不敢妄动。他接着又发布了悬赏消息："有人能搬动，便赏五十金。"这时候，有一个人把木杆搬到了北门，商鞅立刻赏给他五十金，以示信用。

这一举措，就是谈判学中的锚定。在国与国之间的谈判，或者企业与企业之间的谈判中，常常有创新的制度与策略。如何设计锚定，是一门学问。

谈判的核心是什么呢？

针对谈判，MBA 的教材中有广义和狭义的定义。广义的谈判是指除正式场合下的谈判外，一切协商、交涉、商量、磋商等，都可以叫作谈判。狭义的谈判仅仅是指正式场合下的谈判。

企业的 CEO、采购经理、人力资源经理，对于谈判的理解、目标也会不一样。

本书从两条核心原则出发，带领大家对谈判进行分析。

第一，国与国的谈判、企业与企业的谈判、企业与个人的谈判，都关乎"效率"。同一个问题，如果让不专业的人去管理沟通过程，可能需要三个月才能解决；而如果交给谈判专家解决，可能一天甚至两个小时就足矣。谈判效率不仅涉及对谈判时间的把控，还涉及"谈判成功率"。

为什么首席谈判官、谈判专家能够高效地处理冲突，解决分歧，权衡利弊，使双方妥协并达成一致呢？其中的奥秘，在于谈判技术与谈判艺术的结合。一名谈判专家，需要积累十年甚至几十年的实际工作经验，才能在谈判中运筹帷幄、收放自如。

第二，了解人性，因为谈判就是人和人的心理博弈。

大家可能都听说过棉花糖实验[1]，在这个经典的实验中，儿童

---

[1] 斯坦福棉花糖实验（Stanford Marshmallow Experiment）是针对幼龄儿童进行的一系列有关自制力的心理学实验。

要将手中现有的棉花糖和未来可以获得的棉花糖进行权衡和对比。有的心理学流派将棉花糖实验的关键因素总结为人性的不耐（impatient）。因为不耐，才会产生交易；因为不耐，才会有商业社会的期货与现货交易。

正因为谈判如此普遍，也如此重要，所以，结合书中的若干案例，我们总结了大量的谈判经验，得到了若干实用的谈判技巧。如果希望在谈判中取得成功并且更上一层楼，除了要经受沟通技巧层面的专业培训之外，还需要研究人性和对方所处的文化语境。

如此说来，谈判似乎是一门深奥的科学。那么，我们如何学习谈判学呢？职场新人也可以学会谈判技巧吗？

答案是肯定的。

就像学习语言或汽车维修一样，谈判学也有简单便捷的学习路径。

本书所涉及的这些谈判学的方法、技巧和经验颇为实用，并且一针见血，包括专业的谈判理论要点，针对谈判案例的理解与分析，还有针对某些具体问题的答疑。

如果你读完本书，对谈判产生了兴趣，觉得意犹未尽，希望能有一种方式可以便捷并系统地提升自己的"谈判力"，那么这正和本书作者的创想不谋而合——本书作者和其团队正在开发一款基于虚拟现实 VR 技术的谈判培训软件，将以本书中的案例研究为基础，研发一系列谈判教学课件。这款软件的用户可以戴着 VR 眼镜，在会议室的谈判桌上"看到"谈判中的各方人马，软件还会应用语音识别技术，让用户使用谈判语言和话术来决定谈判的进程和结果，谈判中的各个角色也会给出相应的反应。这款"万事皆可谈判"VR软件是市场上第一款中文谈判培训软件，如果你有意于提升自己的"谈判力"，不妨试一试吧！